4 mois pour courir un marathon en 4 heures

DAVID KUEHLS

VIGOT

L'auteur de ce livre a fait tout son possible pour fournir au lecteur des adresses Internet qui soient valides au moment de la publication. Ni l'auteur ni l'éditeur ne sauraient être tenus responsables d'éventuels changements ou erreurs apparus ultérieurement. L'éditeur n'a, en outre, aucun contrôle sur le contenu de ces sites et n'en assume donc en aucun cas la responsabilité.

Avertissement
Les activités physiques d'extérieur sont par nature risquées. Toute personne souhaitant suivre l'entraînement sportif proposé reste responsable de sa sécurité et de sa santé. Si vous souffrez de troubles de santé ou d'une maladie particulière, consultez votre médecin avant de vous lancer dans un sport de plein air. Il revient au lecteur de faire preuve de jugement et de bon sens dans l'utilisation des informations fournies dans ce livre et dans l'évaluation des risques encourus. Le volume limité de cet ouvrage ne lui permet pas d'évoquer tous les dangers potentiels ; au lecteur de s'informer du mieux possible, de se montrer prudent et avisé de sorte à vivre cette expérience dans les meilleures conditions.

Photographie de couverture : © Jerome Prevost/TempSport/Corbis

Traduit de l'anglais par Hélène Tallon

Couverture et conception graphique : Stéphanie Hamel

Réalisation : IGS

ISBN : 978-2-7114-2000-1

Dépôt légal : mars 2009

Achevé d'imprimer en France par Hérissey.

CPI

Sommaire

Introduction

Pourquoi 4 heures ? Et pourquoi 4 mois ?

Deux événements m'ont amené à écrire ce livre : le premier date de la fin des années 1980, lorsque mon père, Ernie Kuehls, qui était professeur de mathématiques, s'est lancé dans la course à pied. Il était alors âgé d'une cinquantaine d'années, souffrait d'une légère surcharge pondérale et n'avait jamais couru de sa vie. Pire, il n'avait pratiqué aucun sport depuis plus de 25 ans ! Il a très vite découvert, en outre, qu'il n'avait aucune endurance.

Quoi qu'il en soit, un matin, il est sorti pour courir.

Il n'a pas tenu plus de 800 mètres.

Mais il ne s'est pas découragé et a réitéré l'expérience : au bout de quelque temps, il a réussi à parcourir 1 600 mètres sans s'arrêter, puis 3 km, puis 6,5 km.

C'est qu'il avait quelque chose en tête.

Courir un marathon.

Il s'était donné pour objectif de le courir en un temps déterminé, à savoir **4 heures au maximum** ; puis il s'était fixé une période d'entraînement limitée de 4 mois, sachant que c'était la durée idéale, un entraînement plus long pouvant être épuisant et un entraînement plus court insuffisant.

Résultat : après **4 mois** d'entraînement, mon père est parvenu à terminer son premier marathon en moins de **4 heures** – 3 heures et 58 minutes pour être exact !

Quelques années plus tard, en 1993, j'assistais à l'arrivée du marathon de New York. J'étais déjà à l'époque journaliste pour le magazine *Runner's World* et je devais écrire un article sur l'équipe des bénévoles chargés d'offrir une couverture de survie aux 25 000 finalistes. Les coureurs sont arrivés, un petit groupe d'abord après un peu plus de 2 heures de course, puis un peloton plus nombreux après 3 heures de course et enfin, au bout de **4 heures**, le gros des troupes : on aurait dit le défilé de la Saint Patrick. Tandis que j'observais ces derniers, je réalisais que la plupart des coureurs de marathon étaient **comme mon père** et que, pour eux, le **but était de terminer leur marathon en 4 heures**.

LES 4 POINTS IMPORTANTS POUR COURIR UN MARATHON EN 4 HEURES

1 – S'entraîner intelligemment.

2 – Manger correctement.

3 – Bien se reposer.

4 – Choisir un marathon rapide.

Pourquoi en **4 heures** ? Parce que **c'est faisable**. Il n'est pas nécessaire d'être très rapide pour y parvenir, ce qui tombe bien, car la rapidité est la chose la plus difficile à acquérir en course. Une bonne endurance suffit, que chacun peut augmenter progressivement, comme l'a fait mon père. En outre, courir un **marathon en 4 heures** a quelque chose de mythique, c'est comme suivre les traces de ces quelques coureurs de légende qui, dans les années 1950, ont réussi à franchir la barrière des 4 minutes sur un mile (1 600 m).

Vous connaissez maintenant les raisons de ce manuel.

Il s'agit d'expliquer à tous ceux qui le désirent, comment courir un **marathon en 4 heures**, de leur dire quoi porter, quoi manger, comment s'entraîner et comment courir le jour J.

Chacune de mes phrases n'a qu'à un seul objectif : que mon lecteur passe la ligne d'arrivée d'un marathon après **4 heures de course**.

Pour m'aider dans cette entreprise, nul n'est mieux préparé que mon père, Ernie, puisqu'il a déjà vécu cette expérience avec succès. En suivant ses conseils et les miens, vous devriez réussir à votre tour.

Car, après **4 mois** d'entraînement, vous aussi, vous serez capable de courir un marathon en **4 heures** !

Les pages suivantes vous en convaincront.

BEAUCOUP DE CHOSES DURENT 4 HEURES

Un parcours de golf

Un après-midi de randonnée

La préparation du repas de Noël

Paris-Rennes en voiture

Un dîner suivi d'une séance de cinéma

1

Les règles de base

→ *Comment courir*

La course est l'exercice physique le plus facile à maîtriser. Il n'est pas nécessaire d'avoir le sens de l'équilibre d'un cycliste. Nul besoin d'une bonne coordination des bras et des jambes, ni d'un gros budget, comme au ski de fond. Inutile aussi d'avoir le sens du rythme comme pour l'aérobic, de faire preuve de patience comme pour la marche à pied, ou d'avoir des branchies à la place des poumons comme pour la natation.
Il vous suffit de sortir de chez vous et de faire ce que vous faisiez lorsque vous étiez enfant : courir.
Toutefois, nombreux sont les jeunes adultes ou les personnes plus âgées qui ont complètement oublié comment ils couraient quand ils avaient sept ou huit ans. Il semblerait qu'ils soient restés trop longtemps assis derrière leur bureau ou sur leur canapé pour s'y remettre. Et c'est probablement le cas.
Voici donc quelques conseils techniques pour bien courir, puisque vous semblez décidé à réveiller l'enfant qui sommeille en vous et à terminer un **marathon en 4 heures** !

Commençons par le haut de votre corps :

1 Votre tête : tenez-la bien droite, légèrement penchée vers le bas ou en avant. N'arquez pas votre cou vers l'arrière, il entraînerait le reste de votre corps avec lui.

2 Votre bouche : ouvrez-la d'une manière qui soit confortable pour respirer. Certains coureurs aiment inspirer par le nez, puis expirer par la bouche. Mais à moins que vous ne couriez au milieu d'un nuage de mouches, vous pouvez ouvrir votre bouche sans crainte pour inspirer le plus d'oxygène possible.

3 Votre lèvre inférieure : elle doit être relâchée. Détendre votre lèvre inférieure vous obligera à ne pas serrer les dents. Le reste de votre corps n'en sera que plus détendu.

4 Vos épaules : relâchez-les vers le bas, ne les montez pas vers vos oreilles et évitez de les crisper. Elles doivent se trouver à la verticale de votre corps ou être légèrement inclinées vers l'avant.

5 Vos bras : pliez-les à angle droit au niveau du coude. Ils doivent balancer d'arrière en avant entre votre taille et le bas de votre cage thoracique. Évitez autant que possible les mouvements latéraux et maintenez quelques centimètres de distance de chaque côté entre vos bras et votre corps afin de ne pas vous cogner les reins à chaque mouvement.

6 Vos mains : serrez à moitié les poings sans les crisper. Gardez-les si possible à un niveau intermédiaire entre votre taille et votre cage thoracique. Vos bras doivent suivre le rythme de vos jambes : accélérez-en et exagérez-en le mouvement lorsque vous sprintez ou montez une pente.

7 Vos pouces : ils doivent être relâchés, à l'extérieur de vos poings.

8 Votre dos : à la verticale ou légèrement incliné vers l'avant.

9 Votre torse : droit.

10 Vos poumons : il faut que vous appreniez à respirer avec le ventre, c'est-à-dire à inspirer profondément en poussant l'air vers le bas à l'aide de votre diaphragme pour faire gonfler votre ventre au lieu de votre poitrine. En adoptant cette technique, vous serez certain de bien remplir vos poumons à chaque respiration.

11 Vos hanches : à la verticale de votre corps et inclinées vers l'avant.

12 Vos fesses : rentrées, vers l'avant.

13 Vos genoux : soulevez-les sans excès. Vous ne devez pas sentir d'effort au niveau des muscles de vos cuisses, à moins que vous ne montiez une pente ou ne soyez en train d'accélérer.

14 Le mouvement de vos jambes : posez le pied juste devant vous, et faites balancer votre seconde jambe en arrière. Son pied doit remonter jusqu'à atteindre le milieu de la distance qui sépare vos fesses du sol. **N'allongez pas trop votre foulée,** vous vous ralentiriez en faisant des pas trop grands.

15 Le placement de vos pieds : posez d'abord votre talon, puis déroulez votre pied jusqu'à son extrémité et poussez avec l'avant-pied tout entier et non seulement avec les orteils.

Ces premiers conseils ont leur intérêt, certes, mais il est une règle qui est encore plus importante : adoptez la position qui vous semble la plus naturelle.

La **foulée** (c'est-à-dire le mouvement de vos jambes lorsque vous courez) qui est parfaite pour vous peut être très différente de celle du meilleur coureur de votre entourage. Votre **port de bras** (soit la manière dont vous placez vos bras en courant) n'a pas à être identique à celui de votre compagnon de course.

→*Règles à suivre pour courir sur une route, un tapis de course, un terrain de golf, un trottoir, un sentier...*

Dans le chapitre 5 de ce livre (p. 46), je vous parlerai de la nature des terrains sur lesquels on peut être amené à courir lorsqu'on s'entraîne pour un marathon. Mais pour l'instant, je tiens seulement à vous indiquer les règles élémentaires à suivre selon l'endroit où l'on court.

Sur une route : Courez toujours dans le sens contraire de la circulation, en restant le plus possible éloigné de la chaussée. Ralentissez aux croisements et respectez les feux tricolores. Ne continuez de courir que s'il n'y a aucun véhicule en vue. Ne vous amusez pas à passer devant les voitures, vous perdriez à ce jeu. Et si vous courez à plusieurs, mettez-vous en file indienne dès qu'il y a de la circulation.

Sur un tapis de course : Ne montez jamais sur un tapis en marche. Assurez-vous toujours qu'il est éteint et arrêté avant de grimper dessus. Une fois que vous êtes debout dessus, démarrez l'appareil et accélérez-en progressivement la vitesse jusqu'à atteindre l'allure souhaitée. Courez à l'avant et au milieu du tapis roulant. S'il est étroit, veillez à bien poser les pieds dessus ; un appui en dehors de celui-ci pourrait vous faire perdre votre équilibre.

Sur un terrain de golf : C'est très bien tôt le matin ou tard le soir. En revanche, quand il y a beaucoup de joueurs, c'est mieux – et plus sûr – d'aller courir ailleurs.

Sur un trottoir : Faites attention aux bosses et aux trous, aux passants, aux sorties de garage, et, pour finir, aux chiens (voir l'encadré ci-dessous). S'il y a une bande d'herbe entre le trottoir et la chaussée, courez si possible dessus. Signalez toujours votre arrivée quand un groupe d'individus important se trouve sur votre chemin.

Sur un sentier : Là, votre bonheur bucolique sera à peine gêné par les autres coureurs et les cyclistes. Courez du côté droit et doublez par la gauche.

Sur une piste d'athlétisme : Courez dans le sens inverse des aiguilles d'une montre. Les coureurs les plus rapides prendront les couloirs intérieurs. Si un groupe de coureurs vous bloque la route, signalez-leur votre arrivée et demandez-leur gentiment de se décaler sur un couloir où l'on court plus lentement. Criez « Pouvez-vous vous pousser s'il vous plaît, que je puisse passer ! » ou « La piste ! », cela signifie la même chose, mais pour les initiés.

DES CHIENS ET DES HOMMES

Les deux pires ennemis du coureur sur la route sont l'être humain et son meilleur ami le chien.
Pour ce qui est des chiens qui viennent à votre rencontre, la règle est simple : évitez-les ! Si un jour, alors que vous êtes en train de courir, vous apercevez au loin un pitbull sans laisse et

bavant d'envie de mordre un mollet musclé, faites un grand détour ou carrément demi-tour. La même règle est valable si vous êtes amené à croiser une gentille vieille dame qui promène son terrier à la campagne. Nul ne sait ce qu'un animal est capable de faire, surtout si la cible est en mouvement.
De même, si un chien a pris l'habitude de vous harceler sur l'un de vos parcours favoris, abandonnez ce circuit. Un coup de spray au poivre ou de bâton ne ferait qu'exciter davantage la bête. Par ailleurs, cette lutte vous distrairait de votre objectif, à savoir vous entraîner pour courir un **marathon en 4 heures** *et non débarrasser la planète des chiens méchants !*
Pour ce qui est des hommes, comportez-vous de la même manière. Il n'est pas rare de se faire insulter ou siffler quand on court. On croise aussi des conducteurs qui n'ont pas envie de partager la route ou des promeneurs qui n'aiment pas partager les sentiers.
À nouveau, la solution consiste à ignorer ou éviter ce type d'individus. Poursuivez votre entraînement tranquillement. Vous avez tout simplement mieux à faire.

Je termine là ce petit chapitre grâce auquel vous aurez appris comment et où courir. Il est temps à présent que je vous enseigne les principes fondamentaux de l'entraînement au marathon. Dans le cadre de cet ouvrage, nous viserons un temps de **course de 4 heures**, c'est-à-dire pouvant aller de 4 heures à 5 heures.

2

Oprah Winfrey, le marathon et vous

→ *La vitesse*

Connaissez-vous Oprah Winfrey, la célèbre animatrice de télévision américaine ? Eh bien, elle a couru son premier marathon en **4 heures**.

Je vais le répéter au cas où vous auriez mal compris : Oprah Winfrey a couru son premier marathon en **4 heures** !

Chacun sait pourtant que cette femme n'a rien d'une athlète accomplie. En réalité, c'est après avoir longtemps lutté contre des problèmes de poids et suivi toute une série de régimes qu'elle a brusquement découvert qu'il lui suffisait de courir – en plus de surveiller son alimentation – pour garder la ligne. Je vous entends déjà dire qu'une star comme Oprah Winfrey disposait forcément d'un entraîneur particulier qui l'a accompagnée pas à pas jusqu'au jour de la course. Ce que vous, pauvre petite chose, ne pouvez pas vous permettre...

Et je vous répondrai que si, vous avez un **entraîneur personnel** ! C'est ce livre ! Lequel va vous emmener progressivement jusqu'à la ligne d'arrivée d'un **marathon** ! Et en **4 heures** !

Comme je l'ai déjà souligné, c'est tout à fait réalisable : pour finir un marathon en **4 heures**, vous devez courir à une allure moyenne d'à peine

5 minutes et 44 secondes par kilomètre, soit si l'on réduit la distance, 4 minutes 35 secondes pour 800 mètres, 2 minutes 17 secondes pour 400 mètres ou 68 secondes sur 200 mètres.

Faites un test : allez courir au stade le plus proche de chez vous ou bien sur l'un des tapis de votre gymnase. Et parcourez sans forcer 200 mètres soit un demi-tour de piste d'athlétisme.

Il y a toutes les chances pour que vous ayez parcouru cette distance en moins de 68 secondes.

Si c'est bien le cas, cela signifie que vous pouvez courir à la **vitesse** nécessaire pour finir un marathon en **4 heures**. Ce qu'il vous manque – probablement – c'est l'**endurance** ou la **résistance**.

Mais vous les aurez.

Dans **4 mois**.

À la différence de la vitesse qu'il est assez difficile d'améliorer, il est possible en quelques mois d'entraînement de gagner en endurance et en résistance.

Commençons par un peu de terminologie.

LES VRAIS HÉROS

Certains coureurs très rapides – femmes ou hommes – semblent penser que ceux qui ne terminent pas leur marathon dans un temps défini ne sont pas de « vrais » coureurs. Comme si l'on pouvait décider de manière arbitraire que ceux qui ne finissent pas en 3 heures ne peuvent être considérés comme des coureurs dignes de ce nom.

Devant un tel mode de pensée, je n'ai jamais pu m'empêcher de m'interroger : si 3 heures c'est bien, dans ce cas que penser des coureurs qui mettent 3 heures 1 minute ? En fin de compte, leur allure n'est inférieure que d'une seconde au kilomètre. Pourquoi ne seraient-ils pas considérés comme de vrais coureurs ? Et si l'on cède sur ce point, il faudrait aussi inclure dans le groupe les coureurs qui terminent en 3 heures 2 minutes, classés juste derrière, et puis ceux qui arrivent en 3 heures 3 minutes, et ainsi de suite...

Pour ma part, je défendrais le point de vue de l'Américain Keith Brantly qui a couru le marathon aux jeux Olympiques de 1996. Il y a quelques années, alors qu'il était sur un podium pour avoir terminé sa course en 2 heures 15 minutes à peu près, il a répondu à ceux qui lui demandaient s'il était difficile de courir des marathons : « C'est très dur. Mais c'est le principe du marathon. Par ailleurs, j'ai fini de courir en environ 2 heures, alors qu'il y a des marathoniens qui sont encore sur la route (4 heures après le départ) : c'est à eux que je tire mon chapeau. Parce que ce sont eux les héros ! »

Soyez un héros vous aussi ! Commencez à vous entraîner pour réussir votre marathon en 4 heures.

→ L'endurance : un travail de longue haleine

L'**endurance** est proportionnelle au temps durant lequel on peut courir sans s'arrêter.

Mon père, pour le reprendre en exemple, avait très peu d'endurance au départ, puisqu'il a dû s'arrêter alors qu'il n'avait même pas parcouru 800 mètres.

Heureusement, les études faites sur ce thème montrent que des séances d'entraînement adaptées, entrecoupées de temps de repos

adéquats, permettent à la plupart des coureurs d'améliorer leur endurance de manière substantielle en quelques semaines. Un coureur débutant peut ainsi augmenter son endurance progressivement d'environ 15 minutes par semaine.
Multipliez donc ces 15 minutes par 16 semaines : un coureur capable de tenir 30 minutes au départ sera capable de courir pendant 4 heures de suite au bout de 4 mois de travail d'endurance !

→*La résistance : maintenir son allure*

Courir sur une distance de 42,195 km n'est qu'une partie de votre objectif. L'essentiel, c'est de parcourir 42,195 km à une allure régulière de 5 min 44 s au kilomètre. Cela demande de la **résistance**, c'est-à-dire d'être capable de maintenir son allure.
Revenons à Ernie, mon père : au début de son entraînement, il ne tenait l'allure ci-dessus que sur 5 km environ. Alors, 42,195 km, cela lui paraissait impossible.
Mais les marathoniens ont un secret : ils savent que le corps humain est une machine capable d'adaptations étonnantes. Si vous courez 8 km en forçant à une allure de 5 min 38 s/km, puis que vous permettez à votre corps de se reposer correctement et que vous vous nourrissez correctement, la semaine suivante, à la même allure, vous serez capable de parcourir une plus grande distance. Votre corps va se dire que l'entraînement a été très difficile la première fois, et se donner les moyens d'être plus performant pour ne pas subir le même stress.
Vous aurez compris que votre objectif est double :
1 Courir sur 42,195 km : pour cela, il vous faut **de l'endurance**.
2 Courir sur cette distance à une allure régulière de 5 min 44 s/km : il vous faut **de la résistance.**

Travaillez les deux et vous passerez la ligne d'arrivée en **4 heures**. C'est l'objectif de ce manuel. Mais attention, ne vous méprenez pas, l'entreprise ne se fera pas **sans effort**, même si c'est **faisable**.

AVANT DE COMMENCER

Pour commencer un programme d'entraînement de **4 mois** *afin de courir un marathon en* **4 heures**, *un niveau de forme physique minimal est nécessaire au départ. Vous devez pratiquer la course à pied, l'aérobic ou le vélo régulièrement et être capable d'en faire pendant 45 minutes sans vous arrêter.*
Si ce n'est pas le cas, un mois d'entraînement supplémentaire peut s'imposer pour vous remettre **en forme** *avant la préparation au marathon proprement dite. Voici un programme simple de remise en forme :*

	LUN	MAR	MER	JEU	VEN	SAM	DIM
Semaine 1	10	repos	10	repos	15	repos	repos
Semaine 2	15	repos	15	repos	20	repos	repos
Semaine 3	20	repos	20	repos	30	repos	repos
Semaine 4	25	repos	25	repos	40	repos	repos

Séances de jogging léger : les nombres indiquent la durée en minutes.

Dans ce chapitre, nous avons parlé endurance, résistance et vitesse. Mais avant de vous lancer sur l'asphalte, vous devez aussi savoir comment vous équiper.

3

Bien s'équiper

→*Les chaussures*

Les **chaussures** constituent l'élément le plus important de votre équipement. Cela semble une évidence, mais mieux vaut que je le répète : dans l'équipement du coureur, le plus important, ce sont les **chaussures**.

Ce qui compte, c'est votre paire de chaussures, pas votre montre sportive, vos lunettes de soleil ou encore votre tenue imperméable en Gore-Tex toute neuve. Vos chaussures vont frapper le sol plus de 30 000 fois au cours des 4 heures que durera votre marathon et des centaines de milliers de fois en plus pendant votre entraînement. Il vaut donc mieux que vous en possédiez une bonne paire. D'ailleurs, que préféreriez-vous conduire pour aller au travail : un modèle Mercedes flambant neuf doté d'une stéréo de luxe et de deux pneus à plat ? Ou bien une Volkswagen bas de gamme, mais équipée de pneus neufs ?

La question, maintenant, c'est de savoir ce qu'est une bonne paire de chaussures de course ? C'est avant tout la paire qui vous convient.

Chacun d'entre nous a des pieds différents. Les chaussures confortables pour Pierre ne conviendront peut-être pas à Paul ou à Jacques. Il existe des chaussures spéciales pour pieds larges, et d'autres pour pieds étroits ; des modèles pour les coureurs lourds et d'autres pour les (rares) coureurs au pied léger.

Dans votre recherche de la chaussure idéale, il vous faudra avoir recours à différentes sources d'informations. Commencez par consulter un **ami coureur**. Il y a des chances pour qu'il ait déjà essayé plusieurs douzaines de modèles et qu'il soit en mesure de vous conseiller.

Certains magazines spécialisés dans la course à pied ont l'habitude de publier, deux à trois fois l'an, des études comparatives de chaussures de running. Si vous n'êtes pas abonné à ce type de presse, faites-le et consultez leurs guides d'achat. Au pire des cas, allez en bibliothèque et fouillez dans les vieux numéros pour en trouver un.

Il reste encore la possibilité d'aller dans un **bon magasin spécialisé dans la chaussure de course à pied**. Il est plus facile d'en trouver un aujourd'hui qu'il y a quelques années, car c'est de nouveau la mode de courir ; en achetant ce livre, vous participez d'ailleurs au phénomène. De plus en plus de gens courent et les magasins de sport recrutent de plus en plus de vendeurs qui sont des coureurs expérimentés.

Employez-vous donc à dénicher un bon magasin de chaussures de course. Puis trouvez-y un vendeur qui soit aussi un coureur. Un conseil : ce n'est probablement pas le jeune homme que vous avez vu fumer sur le trottoir pendant sa pause… Parlez avec ce vendeur-coureur de votre expérience en course, des surfaces sur lesquelles vous pratiquez (voir p. 51) et dites-lui que votre but est de réussir à courir un marathon en 4 heures.

À partir de ces indications, un bon vendeur devrait être capable de vous recommander trois à quatre paires de bonnes chaussures d'entraînement. Essayez-les toutes. Faites un mini-jogging avec dans le magasin. Assurez-vous que vos orteils ne sont pas serrés. Il est important qu'ils ne heurtent pas l'extrémité de la chaussure : s'ils le font déjà en magasin, imaginez dans quel état ils seront au bout d'une trentaine de kilomètres !

Enfin le plus important, quel que soit le coureur, c'est le confort : là, vous êtes seul juge.

Les bonnes chaussures de sport sont fabriquées par les grandes marques comme Nike, Reebok, New Balance, Adidas, etc. Elles vous coûteront au moins 60 euros et souvent 120 euros, voire plus. C'est beaucoup d'argent, je sais, mais n'oubliez pas qu'il ne faut jamais lésiner sur les chaussures...

Ne cédez pas à la tentation d'acheter une promotion à 30 euros : ces chaussures sont faites pour ceux qui ne courent pas plus de 3 km deux fois par semaine. Essayer de s'entraîner au marathon dans l'un de ces modèles, c'est courir à la catastrophe : douleurs au pied, au tibia, au genou ou au dos garanties...

Si le prix est trop élevé pour vous, vous pouvez avoir recours à une technique que de nombreux coureurs expérimentés emploient. Autant le savoir, dans votre magasin de sport, on appréciera peu. Quoi qu'il en soit, allez-y et essayez des chaussures jusqu'à ce que vous ayez trouvé le modèle idéal. Puis rentrez chez vous et feuilletez les magazines de course à pied pour trouver **les coordonnées d'une société de vente par correspondance de chaussures de sport**. Il ne vous restera plus qu'à commander le modèle que vous avez choisi. Vous économiserez entre 10 et 30 euros par paire.

Maintenant combien de paires de chaussures devez-vous acheter ? Pour vous entraîner à courir un **marathon en 4 heures**, je vous recommanderai d'en acquérir **trois paires du même modèle** d'entraînement : achetez d'abord une paire et courez avec pendant plusieurs jours ; si vous en êtes content, achetez les deux autres paires.

Vous avez besoin de deux paires de chaussures pour les utiliser en alternance lors de votre entraînement. Cela signifie tout simplement que vous utiliserez la première paire le lundi, la deuxième le mardi, ainsi de suite. Vous laisserez comme cela le temps à chaque paire de chaussures de sécher et de recouvrer ses formes initiales. Les matériaux amortisseurs placés au cœur des semelles, entre le pied du coureur et la semelle extérieure de la chaussure, sont comprimés pendant la course et ont besoin de temps pour reprendre leur volume de départ. Si vous ne leur permettez pas de le faire, vous courrez avec des chaussures écrasées qui n'absorberont pas les chocs.

Il convient donc d'alterner les chaussures pendant la période d'entraînement. Puis, trois semaines avant le marathon, faites entrer votre **troisième paire** dans la rotation. Il faut que vous fassiez 5 à 6 courses courtes avec cette nouvelle paire de chaussures pour les faire. Pour les longues courses, reprenez vos autres chaussures. « Pourquoi ? » me direz-vous. Parce que votre troisième paire est celle que vous porterez le jour de la course : vous avez besoin qu'elle soit faite, mais pas usée.

Ne soyez pas intimidé par les noms dont on baptise certaines chaussures : les mentions « gel », « air » et autres font uniquement référence à ce que les fabricants de chaussures mettent au cœur des semelles pour qu'elles rebondissent plus rapidement, en théorie. Pour vous, ce qui doit compter, de toute façon, c'est le confort.

Que penser par ailleurs des **racing flats**, ces runnings à semelle fine proposées par les magasins ? Si vous songiez à vous en acheter pour le marathon, surtout ne le faites pas.

La réponse est NON. La plupart de ces chaussures, plus fines, plus légères que les chaussures d'entraînement normales, sont faites pour courir de courtes distances comme les 5 km ou les 10 km. Certes, elles pèsent moins lourd et on court donc plus facilement avec, mais elles ne peuvent pas résister à la durée d'un marathon. Certains marathoniens qui cèdent à la tentation voient parfois leurs chaussures se fendre pendant la course ; j'en ai été témoin. Autre problème : ce type de modèle manque d'amorti et ne stabilise pas les chevilles autant que nécessaire pour parcourir 42 km. Les coureurs que vous observez sur la ligne de départ avec ces chaussures appartiennent à l'élite des marathoniens, ce sont des hommes et des femmes qui ont déjà les pieds ailés.

Pour les femmes, les magasins sérieux de chaussures de course présentent, à juste titre, une sélection particulière. Les pieds des femmes étant différents de ceux des hommes, ces dernières ont besoin de chaussures différentes pour courir. Fuyez les boutiques qui ne séparent pas les modèles en fonction du sexe. En courant ! Et rendez-vous dans un magasin qui connaît son métier. Il existe des boutiques spécialisées dans les articles de sport féminin.

Enfin, je vous conseillerais d'utiliser des **lace-locks** (bloque-lacets) : ils empêcheront vos lacets de se défaire. C'est très utile les jours de pluie. Si vous n'en avez pas, faites systématiquement des doubles nœuds.

→*Les chaussettes*

Les **chaussettes**, comme les chaussures, doivent se faire. Cela signifie qu'il ne faut pas se lancer dans un marathon ou une course longue avec une paire de chaussettes toutes neuves. Ce serait des ampoules garanties, même si vous utilisez des chaussettes spéciales pour la course à pied, anti-ampoules ou en matériaux perspirants de type Coolmax.

Le mieux est d'acheter des chaussettes de couleur **blanche**. Les chaussettes sombres déteignent. Prenez du coton ou un **mélange contenant du coton**. Vos chaussettes doivent mouler vos pieds sans pour autant bloquer la circulation sanguine. Je vous conseille les **socquettes qui remontent sur la cheville** – qu'on appelle aussi souvent chaussettes running. Pour deux raisons : elles sont suffisamment hautes pour ne pas glisser sous le pied, ce que font parfois les mini-socquettes. Ensuite, elles sont quand même assez courtes pour ne pas constituer une gêne en fin de course, comme les **chaussettes hautes**. Ces dernières, qui montent jusqu'aux genoux, finissent par s'imbiber de transpiration ou d'eau de pluie et par pendre aux jambes comme des serpillières.

Pour vous entraîner, vous aurez besoin de beaucoup de ces chaussettes blanches montant jusqu'à la cheville, environ huit à dix paires. À moins que vous n'ayez envie de faire la lessive tous les jours.

Il est tentant de se laisser aller à la paresse et de se contenter de faire sécher ses **chaussettes trempées de transpiration** pour les réutiliser le jour suivant. Ne le faites pas. Non seulement elles sentiront mauvais, mais en plus elles ne pourront plus jouer leur rôle d'amortisseur complémentaire. Après avoir été utilisées, vos chaussettes seront tout aplaties et n'absorberont plus les chocs. Par ailleurs, elles renfermeront votre transpiration de la veille et des champignons pourraient s'y développer. Des chaussettes sales peuvent être la cause de cette infection qu'on appelle « le pied d'athlète ».

→*Shorts et T-shirts*

• Pour l'été

Pour le coureur, quand la température dépasse 18 °C, c'est l'été : au plus simple, il s'équipera donc de chaussures et de chaussettes, d'un short, avec des sous-vêtements dessous, d'un maillot ou d'un débardeur (avec un soutien-gorge de sport pour les femmes) et de quelques accessoires. Voyons cette tenue en détail :

LE SHORT : il existe différentes marques et différents modèles. En général, on préférera un short de course de grande marque (Nike, Adidas, Reebok, etc.) dont le tissu est un mélange à base de Nylon qui laisse la transpiration s'évaporer très vite de sorte à garder le coureur au sec. Deux longueurs de jambe vous sont proposées : la longueur traditionnelle qui descend jusqu'à mi-cuisse, et les nouveaux modèles beaucoup plus amples. Ces derniers ressemblent à des shorts de basket-ball et descendent presque sur les genoux. Ces deux types de shorts conviennent pour l'entraînement et la course. Cependant, soyez conscient qu'au cours du marathon, les shorts amples vont avoir tendance à se gorger d'humidité. Or, plus vos vêtements sont mouillés et pendent sur vous, plus il est difficile de courir.

Pour les femmes, il y a une **troisième option** : les shorts qui ressemblent à des bas de maillots de bain. Ils moulent beaucoup les fesses, mais si vous n'êtes pas gênée à l'idée d'en porter, ils conviennent tout à fait.

Beaucoup de coureurs qui ont de grosses cuisses, les genoux cagneux, ou les deux, souffrent d'irritations à l'intérieur des cuisses. Étaler un peu de vaseline à cet endroit avant la course peut aider. Une autre solution consiste à porter un cycliste – ces **shorts moulants** que les athlètes de triathlon utilisent traditionnellement – ils descendent jusqu'à mi-cuisse et éliminent les problèmes de friction.

Il est extrêmement facile de prendre soin de son short. Si vous accordez peu d'importance à votre look, portez le même short tous les jours. Allez vous doucher avec après avoir couru, lavez le et pendez le : il sera sec pour votre séance d'entraînement du lendemain.

T-SHIRTS ET DÉBARDEURS : le **T-shirt en coton** convient jusqu'à un certain point. Pour être franc, tout dépend de votre transpiration : si vous êtes trempé jusqu'aux os à la fin de l'entraînement, c'est que ça ne va plus. Dès qu'il faisait plus de 24 °C, mon père savait qu'il allait trop transpirer et optait pour un **débardeur en Coolmax** qui laisse l'humidité du corps s'évaporer.

Les débardeurs n'ont pas de manches et laissent les épaules entièrement libres de sorte que le coureur évite les auréoles de transpiration sous les bras. Le haut du dos est moins couvert, de même que le torse, ce qui permet en outre d'avoir moins chaud.

Les hommes ont encore la possibilité de courir **torse nu**, quand la température dépasse les 26 °C, mais dans ce cas, attention aux coups de soleil.

Je recommande aux femmes de porter des **brassières de course**. Il en existe toute une variété de couleurs et de styles différents. Choisissez-en une conçue pour résister aux courses de longue distance. La course n'agit pas comme la marche, et après 45 minutes de course, il arrive que les femmes aient mal à la poitrine si elle n'est pas correctement soutenue. Portez une brassière de course et un T-shirt ou un débardeur par-dessus. Ne vous inquiétez pas si la brassière dépasse du débardeur, c'est la mode. Quand il fait chaud, vous pouvez même porter votre brassière seule.

ATTENTION À LA CHALEUR

Il n'est pas recommandé de courir quand la température extérieure dépasse les 29 °C ou les 24 °C avec un taux d'humidité dans l'air supérieur à 50 %. Si vous le pouvez, courez tôt le matin pour éviter les grosses chaleurs. Et si vous ne pouvez pas, essayez de courir le plus possible à l'ombre et ne sortez jamais sans une réserve de boisson.

Voici 3 problèmes de santé liés à la chaleur dont les coureurs peuvent souffrir :

Les crampes musculaires : *les muscles des mollets et les muscles ischio-jambiers sont les plus touchés par les crampes. Parfois la crampe est si douloureuse qu'on ne peut plus courir de la journée. D'autres fois, il suffit de s'arrêter, d'étirer son muscle et de repartir. Les crampes musculaires sont provoquées par la déshydratation. Il est donc important* *de boire beaucoup avant, pendant et après l'entraînement. En transpirant, on peut perdre un litre d'eau par demi-heure. Il est donc vital de remplacer cette eau pour ne pas être sujet à des crampes lors de son entraînement suivant par temps chaud.*

L'épuisement dû à la chaleur : *vous pouvez être pris de vertiges, d'une transpiration abondante et d'une fatigue musculaire qui peuvent vous faire tituber en plein entraînement. La déshydratation est ici encore en cause. Le problème apparaît en général lors d'un effort intense (course de vitesse, séance d'entraînement intense, sortie longue). Si vous ressentez l'un de ces symptômes en courant, arrêtez-vous immédiatement, trouvez un endroit frais et buvez beaucoup. Buvez beaucoup plus que votre soif. Quand le corps est très déshydraté, il a besoin de beaucoup plus de liquide que ce que l'estomac peut contenir en une fois. Le mieux est de boire jusqu'à ce que votre estomac soit plein, puis d'ajouter 20 cl toutes les dix minutes et ce jusqu'à ce que votre urine soit claire.*

Le coup de chaleur d'exercice : *le coureur ne transpire même plus, car il n'a plus assez d'eau dans le corps ; sa peau est rouge, chaude et sèche. Il perd connaissance. Le coup de chaleur met sa vie en danger. Les gestes d'urgence sont les suivants : envelopper le corps dans la glace afin d'en faire baisser la température interne et appeler les secours. La meilleure prévention consiste à éviter de tenter le diable : pas d'entraînement long et difficile les jours de grande chaleur, et surtout pas sans être accompagné.*

→*Les accessoires utiles*

Si vous êtes sensible des yeux, comme cela arrive à beaucoup de porteurs de lentilles de contact, **des lunettes de soleil** pourront vous être utiles les jours ensoleillés. Elles vous permettront non seulement de mieux voir, mais vous empêcheront aussi de plisser les yeux, ce qui peut devenir fatigant sur un long parcours.

Il existe de nombreux modèles de lunettes conçus pour les coureurs. Légères, très enveloppantes, elles sont conçues dans des matières confortables. Attendez-vous à ce qu'elles valent plus cher que les lunettes normales. Des lunettes de grande marque peuvent même coûter plus cher que des chaussures. Si vous n'accordez pas d'importance à la marque, choisissez un modèle normal, après l'avoir essayé. Elles seront moins à la mode qu'une paire à 180 euros, mais rempliront tout aussi bien leur rôle. Pensez aussi peut-être à vous acheter un serre-tête, de type Croakies ou autre, pour maintenir vos lunettes en place quand vous courez.

Une casquette peut remplacer la paire de lunettes, mais lorsqu'il fait chaud, souvenez-vous que la majeure partie de votre chaleur corporelle s'échappe par votre tête. Porter une casquette quand il fait 30 °C dehors, c'est comme mettre un couvercle sur une casserole d'eau bouillante. Si vous y tenez, essayez de trouver une casquette en coton très léger comme celles qu'utilisent les cyclistes. Elles couvrent la tête tout en en laissant la chaleur s'échapper. Certains coureurs aiment aussi **les casquettes à visière** qui abritent les yeux mais laissent le haut de la tête libre ; cela permet à la chaleur de s'évacuer. Je trouve personnellement que ces visières sont souvent plus serrées et deviennent inconfortables quand on les porte longtemps.

Appliquez **une protection solaire** dès qu'il faut beau et que vous courez plus d'une demi-heure. Choisissez une marque pour sportif qui ne colle pas et mettez-en sur les zones exposées de votre corps : épaules, dos, oreilles, nuque et bras. Si le marathon que vous allez courir a lieu un jour ensoleillé, pensez à mettre de la crème solaire avant le départ. C'est effrayant le nombre de coups de soleil que les coureurs attrapent sur les marathons.

Il existe enfin des vêtements de protection légers **contre la pluie** si l'on veut courir quand il pleut et qu'il ne fait pas froid. Une petite couche de Nylon suffit, mais votre corps se réchauffera beaucoup trop vite en dessous. Alors s'il fait plus de 24 °C et qu'il pleut, un conseil, mouillez-vous ; qu'est-ce que ça peut bien faire ? Prenez du plaisir à courir et oubliez la veste.

• Les montres

Révolu le temps où les entraîneurs, chronomètre au cou, aboyaient les temps des coureurs tournant sur la piste... Cela ne se voit plus que dans les vieux documentaires. Les coureurs d'aujourd'hui mesurent seuls leurs performances grâce aux **montres sportives**. Il en existe d'innombrables marques et elles donnent tout, l'heure comme le pouls.

Vous pouvez vous offrir un modèle de luxe, mais tout ce dont vous avez besoin, en réalité, c'est d'une montre qui fait **chronomètre**, de sorte à pouvoir mesurer votre temps de course global ainsi que les **temps intermédiaires** (par exemple, le temps que vous avez pris pour courir chaque kilomètre d'un parcours de 16 km). Veillez seulement à ce que ce soit facile d'appuyer sur les boutons et que l'affichage soit suffisamment grand pour que vous puissiez utiliser vos options et voir les chiffres en courant. C'est beaucoup plus difficile que lorsqu'on est immobile et en pleine lumière dans un magasin.

PETIT CONSEIL PATERNEL

Quelle que soit votre tenue d'entraînement – celle d'été ou celle d'hiver – essayez de vous habiller avec des vêtements propres et coordonnés. Selon mon père, Ernie, vous véhiculerez ainsi une bonne image de vous-même et cela vous aidera à avoir plus confiance en vous. « Or la confiance en soi, ajoute-t-il, a beaucoup d'importance dans un marathon. Vous le découvrirez quand vous courrez les derniers kilomètres de votre premier marathon : c'est la clé de la réussite. »

→*Comment s'habiller en hiver*

Dès que la température est inférieure à 10 °C, on peut considérer que la journée est froide. Pour les températures intermédiaires, entre 10 et 18 °C, vous pouvez porter un short et un T-shirt à manches longues ou un sweat-shirt, selon la manière dont vous supportez le froid. Enfin, si votre thermomètre indique dans les 4 °C, il vous faudra bien réfléchir à votre tenue.

Commençons par le haut : **un bonnet** sera votre arme numéro un contre le froid. Visualisez votre corps sous la forme d'une bouilloire : la chaleur que vous générez en courant s'accumule dans votre corps, puis s'en échappe par le haut – soit par votre tête – sauf si vous avez mis quelque chose dessus : à savoir un bonnet.

Une casquette ordinaire peut faire l'affaire, tant que la température ne descend pas sous la barre des 4 °C. Mais les autres jours, vous aurez besoin d'une casquette ou d'**un bonnet de ski en laine**. Essayez différents modèles. Veillez à ce que vos oreilles soient bien couvertes. Certains modèles présentent une doublure supplémentaire au niveau des oreilles. En même temps, votre bonnet ou casquette ne doit pas descendre trop bas. Il faut que vous vous sentiez bien dedans et que la coupe vous aille parfaitement, car vous allez courir longtemps avec et peut-être même l'utiliser pour votre marathon s'il a lieu en hiver.

Lorsque les températures deviennent négatives, dans les – 6 °C, **un masque de ski** peut se révéler utile pour couvrir le visage et protéger les joues des gelures. Vous pouvez aussi étaler un peu de **vaseline** sur votre visage ; c'est un bon isolant.

Grâce aux **lunettes de soleil**, vous ne serez pas ébloui les jours à la fois enneigés et ensoleillés

Pour le torse, je vous conseille de vous **couvrir par couches**. Cette stratégie est préférable pour deux raisons : plusieurs couches de vêtements gardent mieux la température qu'une seule couche plus épaisse, et vous avez l'avantage de pouvoir ôter la couche supérieure si vous avez trop chaud.

LA RÈGLE D'OR : MIEUX VAUT PLUS QUE MOINS

La règle d'or pour courir par temps froid, c'est qu'il vaut mieux être trop couvert que pas assez. Si vous n'êtes pas assez couvert et que vous avez déjà parcouru 8 km de votre parcours de 29 km et que le vent se lève, vous vous retrouverez dans la même situation qu'un explorateur dans l'Arctique, au milieu de nulle part, sans nourriture ni chauffage.

Trois couches de tissu suffisent pour les jours les plus froids. En dessous, portez **un T-shirt à manches longues en Lycra** ou dans

une matière perspirante similaire qui vous maintienne au sec. La seconde couche de vêtement est une couche d'isolation : **un sous-pull à col montant en coton ou un sweat-shirt épais** pourra faire l'affaire. Enfin, la troisième couche de vêtement aura pour rôle de vous protéger du vent et d'empêcher la chaleur de s'échapper. **Un coupe-vent en Nylon** convient la plupart du temps. Quand les températures sont inférieures à – 6 °C, certains individus apprécient les hauts en **Gore-Tex**. Ce tissu laisse s'échapper la transpiration tout en maintenant la chaleur.
Faites des tests sur de courtes distances, afin de déterminer dans quelle tenue vous vous sentez le mieux et de savoir quoi porter lors des sorties longues hivernales.
Autre élément essentiel de votre tenue d'hiver : **les gants**. De simples gants en coton, légers, vous protégeront suffisamment les jours où il fait à peu près 4 °C. En dessous, optez pour des gants en **polypropylène**. Veillez à prendre vos gants avec vous dès qu'il fait froid, même si la température semble douce, parce qu'on ne sait jamais si le vent va se lever. Il est très facile d'enfiler ou d'enlever ses gants. Glissez-les dans les poches de votre veste ou coincez-en un bout sous la ceinture de votre short ou de votre pantalon de jogging. Il vous suffira de les prendre si vous avez froid aux mains.
Pour le bas, vous avez plusieurs options : certaines personnes sortent en short sans problème, alors qu'il ne fait pas plus de 4 °C, tandis que d'autres préféreront **les collants de course à pied**. Il en existe trois types : les collants fins, les collants de type fuseau, moins serrés et dotés de sous-pieds (la marque SportHill en propose une bonne sélection) et, enfin, les collants épais en polypropylène.
Sous vos collants, vous pouvez porter votre short de course ordinaire si ce n'est pas trop serré ou un slip sans coutures. Mon père préfère les collants larges à sous-pieds sous lesquels un short entre sans

problème. Certains individus portent leur short par-dessus des collants fins. Cela leur permet d'avoir plus chaud et d'être plus discrets.

Quand la température est inférieure à -1 °C, je conseille aux hommes d'ajouter une couche supplémentaire et de porter **un caleçon en polypropylène**, un short puis des collants à sous-pieds. Vous avez aussi la possibilité de porter un pantalon de survêtement traditionnel, composé en partie de Nylon et doté de fermetures Éclair au niveau des chevilles. Les jours où il fait moins de -6 °C, vous pouvez même porter des collants en dessous.

En ce qui concerne **les chaussettes**, les mêmes qu'en été suffiront. Simplement, n'oubliez pas d'en prendre des propres, car les chaussettes sales qu'on a déjà utilisées une fois sont moins absorbantes. Or à -6 °C, les pieds humides se transforment vite en pieds glacés. Inutile de porter deux paires de chaussettes l'une sur l'autre. Vous risqueriez d'attraper des ampoules et d'être trop serré dans vos chaussures.

Idem pour **les chaussures**, qui peuvent être les mêmes par temps chaud ou froid. L'essentiel étant de ne pas arrêter de courir ! Tant que vous courez, vous générez de la chaleur. Ce qu'il ne faut pas faire, c'est vous arrêter à 2 km de chez vous ou de votre voiture et faire une marche de **retour au calme**. En été, pour vous relaxer, vous pouvez marcher 5 à 10 minutes dehors après avoir couru, mais en hiver, faites-le dans un gymnase ou à couvert.

Pour terminer : ce que vous portez dépend du temps qu'il fait, mais aussi du type d'entraînement que vous suivez. Pour une sortie longue à 4 °C, mon père s'enveloppe dans trois couches de vêtements et met des collants. Mais s'il se lance dans une course chronométrée de 10 km sur sentier, deux couches de vêtements en haut et un short en bas lui suffisent pour résister à la même température.

Son raisonnement : « Je génère plus de chaleur lorsque je fais une course chronométrée, explique-t-il. Je sais que je vais avoir plus chaud, donc je fais attention à ne pas trop me couvrir. Mais je m'assure de pouvoir mettre des vêtements chauds ou prendre une douche chaude dès que ma séance d'entraînement sera terminée. »

QUAND IL FAIT FROID

Voici les règles à respecter lorsque vous courez par temps froid :

1. Porter plusieurs couches de vêtements.

2. Ne pas avoir peur de trop se couvrir ; on peut toujours enlever une partie de ses vêtements.

3. Être prudent sur les routes et trottoirs verglacés. Si possible, courez sur des sentiers.

4. Courir dans le sens contraire du vent à l'aller et dans le sens du vent au retour.

5. Porter un bonnet et des gants pour diminuer la déperdition de chaleur.

6. Ne pas rester dehors après avoir couru.

7. Mettre des vêtements secs le plus rapidement possible.

8. Boire pendant les sorties longues : on transpire autant que lorsqu'il fait chaud, il faut donc réapprovisionner le corps en eau.

9. S'échauffer pendant plus longtemps, en particulier pour une course de vitesse.

10. Courir avec un ami.

11. Porter des lunettes quand il y a de la neige et du soleil.

12. Réagir au premier signe de gelure : la peau semble bleue.

13. Le premier geste d'urgence consiste à maintenir la chaleur dans la zone touchée en la trempant dans de l'eau chaude ou en l'enveloppant dans un vêtement supplémentaire.

14. Courez à l'intérieur si la température extérieure est inférieure à -12 °C, -10 °C ou -6 °C, cela dépend de vous.
15. Boire des boissons chaudes après la course pour réchauffer son corps.

→*S'habiller pour gagner*

Voici un petit rappel de ce que vous devez porter en fonction des températures :
Environ 27 °C : short et débardeur.
Environ 21 °C : short et débardeur.
Environ 16 °C : short et T-shirt à manches courtes ou longues.
Environ 10 °C : short ou collants, T-shirt à manches longues ou sweat-shirt.
Environ 4 °C : short ou collants, deux couches de vêtements en haut (manches longues, un T-shirt par-dessus) bonnet et gants.
Environ -1 °C : collants ou pantalon, trois couches de vêtements en haut (dont un haut en Nylon), bonnet et gants.
Environ -6 °C : collants ou pantalon, trois couches de vêtements en haut (dont un haut en Gore-Tex), bonnet et gants.
Environ -12 °C : collants et pantalon, trois couches de vêtements en haut (dont un haut en Gore-Tex), bonnet et gants.

N.B. : nous parlerons de la tenue du jour du marathon dans le chapitre 8.
Maintenant que vous savez quoi porter par tous les temps, voyons ce que vous devez manger.

4

Du carburant pour le marathon

→*Vive les glucides !*

Lorsqu'on s'entraîne à un **marathon en 4 heures**, il faut garder cette image à l'esprit : un corps, c'est comme une voiture. Les muscles des jambes sont le réservoir à essence. Quand on court, on vide son réservoir, et donc, après la course, on a besoin de le remplir à nouveau sinon, la fois suivante, on ne va pas bien loin.

Le seul carburant qui convient dans ce cas ce sont les **glucides**.

Bien entendu, je simplifie les choses. Vous aurez aussi besoin de lipides et de protéines, mais la première source d'énergie du coureur, ce sont les glucides que vous tirerez du pain, des pâtes, des haricots, et des sucres simples.

Votre objectif en matière de nutrition doit être de garder votre réservoir de glucides plein tant que dure votre entraînement au marathon. Cela implique deux choses : un régime très riche en glucides (qui inclut aussi des lipides et des protéines) et la réalimentation de vos muscles juste après les efforts intenses comme les séances de fractionné du mercredi, les parcours chronométrés ou les sorties longues du samedi (voir le chapitre suivant).

Un régime riche en glucides, cela ne signifie pas qu'il faille en manger toute la journée. Une bonne méthode pour remplir votre réservoir pendant la période d'entraînement est de faire de l'un de vos repas quotidiens votre source d'apports glucidiques. Dites-vous tout simplement : ce sera le petit-déjeuner du lundi et mangez une pile de blinis ou de pancakes ou bien décidez que ce sera le déjeuner du mardi et mangez une salade de pâtes. Optez pour un mélange de riz et de haricots le mercredi soir... Aux autres repas, mangez aussi un peu de glucides, mais sans forcer sur les quantités. Pas question de se gaver comme une oie. Vous n'en avez pas besoin et ne pourrez pas stocker ou tolérer de trop grandes quantités. D'ailleurs, abuser des fruits peut donner la diarrhée et trop de petits pains causeront l'effet inverse.
Veillez aussi à manger des **lipides** et des **protéines** tous les jours : faites-vous, par exemple, un sandwich à la dinde et au fromage. Les lipides et les protéines vous aideront à maintenir votre sensation de faim à un niveau raisonnable. Si vous ne mangez que des glucides, lesquels brûlent très rapidement, vous devrez lutter contre des fringales juste après vos repas. Par ailleurs, les **lipides** et les **protéines** vous soutiendront pendant l'entraînement : les lipides fournissent l'énergie nécessaire aux sorties longues et les protéines aident à la reconstitution des muscles des jambes après les séances difficiles et au transport de l'énergie dans le corps pendant l'effort. Ces trois éléments sont donc nécessaires au régime équilibré qui vous permettra les meilleures performances.
Juste après les séances d'entraînement du mercredi et du samedi, mangez des glucides (petit pain ou banane) ou buvez une boisson de récupération glucidique. Vous aiderez ainsi vos muscles à **reconstituer leurs réserves** au moment où ils sont le plus aptes à le faire.
Visualisez les choses de cette manière : les réservoirs de vos jambes sont grands ouverts pendant 20 minutes environ à la suite d'un effort

intense. À vous d'en tirer avantage afin d'aider vos membres fatigués à recouvrer leurs forces en vue de votre prochain entraînement.

LES RÉGIMES À LA MODE

Régime hypoglucidique, hyperprotéiné ou à base de boissons uniquement... Je n'ai qu'une seule chose à vous dire à ce sujet : évitez-les pendant que vous vous entraînez à courir le marathon.

Vous aurez besoin de beaucoup d'énergie, et constamment, sinon vous recouvrerez vos forces trop lentement et vous vous sentirez trop épuisé pour vous entraîner. Il est donc important que vous suiviez un régime de coureur sain et équilibré.

→*Les deux repas les plus importants de la semaine : le dîner du mercredi et le brunch du samedi*

LE DÎNER DU MERCREDI : si vous suivez mon programme d'entraînement de **4 mois pour courir un marathon en 4 heures**, vous aurez une séance d'entraînement intense presque tous les mercredis soir.

Immédiatement après cette séance, vous absorberez des glucides sous la forme d'un petit encas ou d'une boisson énergétique. Puis, dans l'heure qui suit, vous vous assiérez pour prendre un repas riche en glucides : pâtes, haricots et riz ou pommes de terre en robe des champs et brocoli.

LE BRUNCH DU SAMEDI : la sortie longue du samedi matin est un élément clé de l'entraînement au **marathon en 4 heures**.

Immédiatement après ce long parcours, vous absorberez des glucides sous forme solide ou via une boisson énergétique. Puis, dans l'heure qui suit, vous vous mettrez à table pour prendre un brunch riche en glucides, à base de blinis, de pancakes, de gaufres ou de flocons d'avoine.

PETIT CONSEIL D'ERNIE

« Faites de ces repas des occasions particulières : entraînez-vous avec des amis qui se préparent aussi à courir un marathon en 4 heures, puis retrouvez-vous après l'entraînement au restaurant ou chez l'un(e) d'entre vous. En ce qui me concerne, je fais mes sorties longues en compagnie d'amis avec lesquels nous nous réunissons ensuite dans un restaurant où les coureurs du coin aiment venir. »

→*Les menus de la semaine précédant votre marathon*

Ce que vous mangez durant la semaine précédant votre marathon est d'une importance déterminante. Pendant cette période, vous réduirez énormément vos entraînements et vous pourriez être tenté de moins vous nourrir ; ne le faites surtout pas ! Parce que c'est le moment de **remplir vos réservoirs** pour tenir pendant les 4 heures du marathon.
Il me faut vous avertir cependant : ne mangez pas trop pendant ces sept derniers jours. Et pas n'importe quoi : pas de mets gras type pizza à pâte épaisse ou omelette au fromage. Vous aurez probablement très envie d'en manger à cause de la nervosité, et puis parce que votre corps réagit

à la baisse des séances d'entraînement et en a assez d'être nourri de spaghettis tous les soirs. C'est la raison pour laquelle je vous propose un menu nutritionnel adapté sur sept jours. L'objectif est double : vous permettre de stocker des glucides et faire plaisir à vos papilles gustatives.

LUNDI

Petit-déjeuner : céréales accompagnées de lait écrémé, banane, verre de jus d'orange.

Déjeuner : sandwich au pain complet à la dinde, eau ou jus de fruit.

Dîner : pâtes agrémentées de sauce tomate ou d'un peu de sauce bolognaise, lait écrémé, salade.

MARDI

Petit-déjeuner : petit(s) pain(s), jus d'orange.

Déjeuner : salade de pâtes froides avec du poulet.

Dîner : haricots rouges et riz.

MERCREDI

Petit-déjeuner : pancakes avec des rondelles de banane.

Déjeuner : sandwich au pain complet au poulet grillé.

Dîner : repas chinois avec une portion de riz en plus (pas de glutamate de sodium).

JEUDI

Petit-déjeuner : céréales avec des rondelles de banane, jus d'orange.

Déjeuner : sandwich au pain complet au thon.

Dîner : pâtes à la sauce tomate avec de la dinde hachée, salade.

VENDREDI

Petit-déjeuner : pancakes avec des rondelles de banane, jus d'orange.

Déjeuner : pâtes froides au poulet.

Dîner : haricots rouges et riz, salade.

SAMEDI (JOUR PRÉCÉDANT LE MARATHON)

Petit-déjeuner : céréales avec des rondelles de banane.

Déjeuner : sandwich au pain complet au poulet grillé.

Dîner : à vous de choisir, mais n'oubliez pas de manger tôt. La plupart des marathons commencent à 8 h ou 9 h du matin, donc si vous dînez tard la veille, vous allez non seulement troubler le peu de repos qu'il vous reste, mais vous risquez aussi de passer plus de temps que prévu aux toilettes avant la course.

• Le repas précédant la course

Deux à trois heures avant le début du marathon, vous prendrez un repas léger, riche en glucides. C'est le type de repas que vous devez manger le samedi matin avant les sorties longues. Par exemple : un petit pain grillé et une demi-banane. Le but de ce repas n'est pas de vous donner de l'énergie pour tout le marathon. Le glycogène stocké dans vos muscles et votre foie, ainsi que vos réserves de graisses corporelles suffiront à cela. En fait, vous avez besoin de manger quelque chose avant la course pour ne pas vous retrouver sur la ligne de départ avec une sensation de faim ou avec la tête qui tourne à cause d'une hypoglycémie, ce qui vous empêcherait de courir.

• Pratiques : les barres énergétiques

Les barres énergétiques sont compactes, très riches en calories, en vitamines et en électrolytes ; elles ne s'abîment pas et ne s'écrasent pas comme les fruits ou les sandwichs au beurre et sont donc parfaites pour les marathoniens.

Les barres de la liste ci-dessous conviennent après une séance d'entraînement ou une course. En ce qui concerne les barres que vous mangerez en courant, c'est à vous de faire des tests pour sélectionner celle qui vous convient le mieux. Un conseil pour le marathon : coupez vos barres en petits morceaux ; vous en mettrez un dans votre bouche tous les 7 km à peu près.

Ceci étant dit, voici un bref aperçu des quatre meilleurs types de barres énergétiques :

La marque PowerBar, bien qu'ancienne, a toujours de grandes qualités : des vitamines, des minéraux et des électrolytes. La nouvelle recette ProteinPlus apporte 22 g de protéines. Ces barres sont cependant un peu caoutchouteuses et contiennent des fibres, ce qui peut engendrer des petits maux d'estomac pendant le marathon.

Les barres de marque Cliff Bar contiennent des graisses en plus des vitamines, des minéraux et des électrolytes, et sont donc plus adaptées aux entraînements. Lors du marathon, votre estomac risque de ne pas supporter leurs 9 g de fibres.

Les barres Zone Perfect contiennent, elles, des graisses saturées, mais sont faciles à mâcher et à digérer du fait de leur faible teneur en fibres. De taille plus petite, elles sont recommandées pour les marathons.

Les barres Balance Gold ressemblent aux Zone Perfect pour ce qui est de la taille et des ingrédients. Elles conviennent aux marathons.

• Du carburant pour passer le mur

Avez-vous déjà entendu parler du mur du marathon ? Il se trouve entre les kilomètres 26 et 34. Dès que vous vous y serez heurté, vous le reconnaîtrez : c'est un état d'épuisement total, mental et physique, dont les causes sont une hypoglycémie et une carence en glycogène. Après votre premier marathon, vous ne l'oublierez jamais.

Le mur, c'est le cauchemar des marathoniens. Mais une fois que vous aurez appris comment réagir face à lui, vous n'en aurez plus peur.

Vous vous apercevrez que vous n'avez pas affaire à un phénomène surnaturel, mais à un problème très simple et facile à résoudre.

D'abord, vous avez besoin de manger correctement la semaine précédant votre marathon. Assurez-vous-en.

Ensuite, vous devez vous nourrir le matin de votre marathon.

Veillez à le faire.

Et pour finir, il vous faut absorber des glucides **au cours de votre marathon**. Ces glucides peuvent se présenter sous différentes formes : boissons énergétiques que vous trouverez aux postes de ravitaillement, barres énergétiques que vous aurez coupées en morceaux et glissées dans les poches de votre short ou dans votre sac banane, bonbons, biscuits secs ou fourrés aux figues, gels... Bref ce que vous avez pris l'habitude de manger lors de vos sorties longues.

Si vous devez **manger** au cours du marathon, c'est pour éviter une chute de votre glycémie – premier signe du mur – et pour réapprovisionner vos muscles en glucides.

Pour courir un marathon en 4 heures, il vous faudra au moins 4 doses – **1 par heure** à peu près – pour que vous vous sentiez en forme et évitiez l'écueil du mur.

Il n'est pas obligatoire d'attendre une heure entre chaque dose. Si vous commencez à avoir de petits vertiges avant, mettez tout de suite un bonbon dans votre bouche. N'attendez pas d'avoir la tête qui tourne tellement que si vous ne mangez pas, vous ne pourrez pas continuer. Ce serait tenter le sort. Soyez attentif à vos sensations et tout ira bien.

La dernière mesure contre le mur consiste à boire beaucoup d'eau pendant la course, la déshydratation étant l'une des causes qui peuvent vous faire entrer dedans. Le mieux est de boire tôt et souvent.

• S'hydrater sur le marathon

Gatorade, Powerade, Gatorade Endurence Formula, Powerade Option, etc. Il existe suffisamment de boissons de l'effort pour remplir un rayon de supermarché entier, voire deux !

De nombreuses marques connues telles Gatorade et Powerade ont sorti des versions améliorées de leurs produits comme l'Endurance Formula de Gatorade qui est une version plus épaisse et plus concentrée du Gatorade normal. Elle contient plus de sodium et de potassium, mais risque d'être plus difficile à digérer. Il existe aussi des versions basses calories comme Powerade Option.

Quelle boisson choisir alors sur votre marathon ? La réponse est simple : celle qu'on vous donnera aux postes de ravitaillement.

Vous pouvez savoir de quelle boisson il s'agira exactement en contactant l'organisme en charge du marathon ou en consultant le site de ce marathon. N'hésitez pas à demander quel parfum a été choisi : il y a parfois une grosse différence entre les goûts citron-lime et orange ou les dernières saveurs mises au point. Or il faut que votre langue, votre palais et votre estomac se soient habitués au produit avant le grand jour.

Demandez également si la boisson sera en poudre. Il y a une différence. Si c'est le cas, essayez le mélange en question dans vos bouteilles d'eau lorsque vous ferez des sorties longues pendant les semaines et les mois précédant la course.

• Café ? Thé ? Sodas ?

Supprimez les apports en caféine : plus de café, de thé et de colas pendant les trois jours précédant le marathon. Procédez de même avec l'alcool, n'en buvez pas la semaine d'avant, voire pendant plus longtemps. La caféine et l'alcool sont des diurétiques et ils pompent l'eau qu'il y a dans votre corps. En outre, l'alcool peut gêner le stockage du glycogène dans le foie, or c'est cette substance qui permet de tenir le long du marathon.

On raconte que certains coureurs olympiques boivent de la bière le jour de leur course. C'est peut-être vrai. Mais ce sont des coureurs olympiques. Leur métabolisme est différent du nôtre.

• De l'eau, de l'eau, encore de l'eau

Il faut que vous buviez de l'eau en permanence, c'est un fait, mais les jours précédant le marathon, c'est encore plus important. Le mieux est de boire jusqu'à ce que votre urine soit claire, puis de boire 20 cl d'eau en plus toutes les heures.

Les boissons de l'effort comptent aussi, mais buvez-en avec parcimonie. Elles contiennent énormément de sucres : c'est bon pour le marathon et pour reprendre des forces, mais le danger, c'est d'en abuser, d'en boire beaucoup trop et d'arriver au marathon en état d'hyperglycémie et avec la sensation d'être boursouflé.

Vous savez maintenant comment vous nourrir et boire pour être dans la meilleure forme possible : il ne vous reste donc plus qu'à sortir vous entraîner !

5

Le top 5 des séances d'entraînement : pour un marathon en 4 heures

Vous avez 4 mois pour vous entraîner à courir un marathon en 4 heures, c'est-à-dire 16 semaines ou 112 jours. Plus la semaine précédant la course.

Quatre mois, c'est la durée optimale pour s'entraîner à courir un marathon et ce, pour deux raisons. D'abord, il est possible d'être physiquement prêt en 4 mois. Deuxièmement, 4 mois, c'est assez court pour ne pas être **épuisé** par l'entraînement avant le jour de la course. Six mois ou un an, ce serait trop long. Un coureur doit entrer dans la course avec des muscles frais, prêts à tout donner, pas des jambes qui sont épuisées depuis deux mois. C'est une grande erreur que commettent beaucoup d'individus qui s'entraînent pour le marathon.

Ce type d'entraînement est difficile. Vos amis non-coureurs vous regarderont de travers quand vous annoncerez que vous devez être au lit à 22 h. Mais la plupart des nuits, vous aurez besoin de plus de sommeil, de 30 minutes à une heure ou deux de plus que la normale. Vous serez aussi obligé de renoncer aux desserts, le sucre n'étant pas un bon carburant pour votre corps, et de mettre en suspens certaines de vos activités, parce que vous n'aurez tout simplement pas l'énergie de tout faire.

Il faut que vous vous habituiez à prononcer cette phrase : « Je m'entraîne pour courir un marathon en 4 heures. »
Répétez : « Je m'entraîne pour courir un marathon en 4 heures. » Croyez-moi, vous devrez dire ces mots plusieurs fois par semaine pour vous motiver.
Bon, maintenant, commençons l'entraînement.

→*Les différents types de séances d'entraînement*

Mon programme d'entraînement est simple : chaque jour, vous ferez l'une des 5 séances d'entraînement que je vous propose. Cinq types de séances suffiront en effet à vous mettre en bonne condition physique pour courir un marathon en 4 heures. Passons-les en revue :

→*Séance d'entraînement n° 1 : la sortie longue*

Le but principal de tout marathonien est de tenir la distance. Pour s'en assurer, il faut s'entraîner lors de longues sorties.
La distance parcourue lors de ces sorties longues est relative. Tout dépend si vous vous trouvez au début ou à la fin du programme d'entraînement. Pour commencer, 11 km suffiront. Mais à la fin du programme, vous devrez en faire 39. Quand je parle de « sortie longue », je veux parler de parcours qui ont pour objectif spécifique d'accroître l'endurance. Les sorties longues se font à une allure plus lente que celle nécessaire pour courir un marathon en 4 heures (5 min 44 s/km) ; ce sont au moins 55 s à 1 min 30 s de moins au km. Vous devez donc courir à une allure située entre 6 min 39 s et 7 min 14 s au km.
La raison de cette lenteur est simple : pour travailler son endurance, **on n'a pas besoin de courir vite**. Alors pourquoi risquer de se blesser ou de s'épuiser en adoptant une allure de course ?

LA SORTIE LONGUE À ALLURE RAPIDE, ENNEMI NUMÉRO 1 DU COUREUR DÉBUTANT

Faire une sortie longue à allure rapide constitue l'erreur d'entraînement numéro un des marathoniens débutants. Ils veulent courir 26 à 32 km à la même vitesse qu'un marathon. Résultat : la séance d'entraînement se transforme en marathon, ce qui fait qu'ils sont trop fatigués pour s'entraîner la semaine suivante. Pire, ils risquent de se blesser.

C'est la raison pour laquelle je propose dans mon programme des sorties longues à une allure inférieure de 55 s à 1 min 30 s au km à celle du marathon.

La sortie longue vous apportera 4 avantages : vous augmenterez votre endurance. Souvenez-vous, travailler son endurance peut se faire lentement. Cela fatigue, mais pas au point que vous ne puissiez courir de nouveau la semaine qui suit. Les exercices d'endurance diminuent en outre le risque de blessure et laissent intacte votre envie de vaincre. Enfin, le marathon restera une expérience exceptionnelle que vous n'aurez pas vécue 4 ou 5 fois au cours de votre entraînement.

L'exercice : courez entre 11 et 38,5 km à une allure de 6 min 40 s à 6 min 59 s/km. La distance varie en fonction de la semaine d'entraînement à laquelle vous êtes. L'objectif est de ne pas vous arrêter de courir. Si vous en avez absolument besoin, arrêtez-vous et marchez de temps en temps, mais n'en prenez pas l'habitude en fin de parcours, car vous serez fatigué, et une fois que vous aurez commencé à marcher, cela vous coûtera un plus grand effort de vous remettre à courir. Si Oprah Winfrey a pu terminer son marathon sans marcher, c'est à votre portée aussi !

• Quelques conseils pour vos sorties longues

1 Commencez lentement et finissez lentement : il ne s'agit pas d'une course de vitesse. Courez seul ou avec des amis qui s'entraînent aussi pour un marathon en 4 heures. Votre but doit être de terminer le parcours à la même allure qu'au début.

2 Buvez et mangez : pendant vos sorties longues, entraînez-vous à absorber boissons et aliments énergétiques en préparation du marathon. Buvez tous les 3-5 km. Commencez à boire tôt, et souvent. N'attendez pas d'avoir soif, ce sera presque trop tard. Le long de votre parcours, placez des bouteilles dotées de bouchons sport.

Faites le plein d'énergie : les boissons énergétiques contiennent beaucoup de glucides. Entraînez-vous sinon à manger des gels énergétiques (gels glucidiques) ou des aliments solides (barres énergétiques de type Power Bar coupées en morceaux, bonbons, biscuits fourrés aux figues). Essayez différents produits jusqu'à ce que vous sachiez lequel agit le mieux sur vous et convient à votre estomac. Pour transporter vos provisions, mettez-les dans un **sac banane**.

Ne partez jamais pour une sortie longue en ayant faim. Prenez un repas léger ou un encas riche en glucides 1 à 2 heures avant le départ. Cela signifie, si vous avez prévu de courir à 8 h du matin, que vous devez régler votre réveil à 6 h 30 pour manger un petit pain et une banane, par exemple. Buvez aussi beaucoup d'eau. C'est la boisson idéale à prendre avant toute sortie longue. De cette manière, vous ne risquerez pas d'avoir des vertiges au début à cause d'une hypoglycémie ou d'une déshydratation.

3 Courez sur du plat : parcourir 26 à 38,5 km sera suffisamment difficile sans que vous en rajoutiez avec des montées et des descentes. Courir en descente provoque plus de dommages au niveau des jambes que de courir en montée. À moins que le terrain du marathon visé ondule comme le ventre d'une danseuse orientale, chose à éviter pour une première expérience, contentez-vous de vous entraîner à plat.

4 Faites un aller-retour : votre parcours doit comprendre votre **retour au point de départ**. Par exemple, si vous prévoyez de courir une distance de 24 km, vous vous éloignerez de votre point de départ sur une distance de 12 km, puis vous y retournerez. Ce type de parcours est facile à mesurer. Et mentalement, c'est moins difficile que de parcourir par exemple 8 fois le même circuit de **3 km en boucle**.

5 Choisissez bien la surface de votre parcours : optez pour un terrain qui amortit bien (voir p. 51). Vos jambes vous en seront reconnaissantes le jour suivant, vous récupérerez plus rapidement et serez en forme pour un entraînement plus soutenu ensuite.

Attention : la plupart des marathons se font dans les rues des villes, sur du béton ou de l'asphalte. Donc prévoyez de faire des parcours de récupération et des tronçons de sorties longues sur la chaussée au cours des semaines précédant votre marathon. Si vous vous entraînez en permanence sur la surface amortissante d'un sentier, votre corps risque de mal supporter le béton le jour du marathon. Vous souffrirez avant d'atteindre les 30 km et vous serez tenté d'abandonner.

LES ASTUCES D'ERNIE POUR LES SORTIES LONGUES

« Choisissez un chemin que les gens empruntent. Vous allez y passer plusieurs heures, et si vous optez pour une route déserte, ce sera plus dur psychologiquement. Optez pour un sentier fréquenté ou un parcours qui traverse plusieurs parcs remplis de promeneurs. Vous devez aussi vous entraîner à boire en courant en vue du marathon : ce n'est pas aussi simple que ça en a l'air. Moi-même, parfois, je trouve encore que c'est

difficile. Je m'entraîne donc lors de mes sorties longues en plaçant des bouteilles d'eau à des distances déterminées et je m'arrête pour boire. » [Voir aussi pp. 90-93.]

NATURE DU TERRAIN D'ENTRAÎNEMENT : CLASSEMENT DES SURFACES

Une bonne surface d'entraînement se « creuse » au contact du pied, absorbant une partie du choc généré et soulageant ce faisant vos genoux, vos hanches et votre dos. Mais elle ne doit pas trop céder sous la pression de sorte que votre pied ne s'enfonce pas dedans et que vous n'ayez pas à tirer dessus pour qu'il ressorte, comme s'il était pris dans de la mélasse. L'idéal, c'est donc un sol relativement tendre, sans trous ni bosses ni ornières susceptibles de gêner votre foulée ou de vous faire vous tordre la cheville.

Mon classement des terrains d'entraînement, par ordre de préférence :

1. *Les sentiers entretenus des parcs, en terre ou en terre recouverte de gravier : ces revêtements sont ceux qui présentent la plus grande élasticité et permettent une bonne prise de pied.*

2. *L'herbe : ce type de surface amortit très bien. Toutefois, les étendues d'herbe peuvent être irrégulières. L'idéal, ce sont les parcours de golf, mais est-il possible de courir 32 km dans un golf ? À vous de voir !*

3. *Les pistes d'athlétisme : beaucoup d'amorti, mais aussi beaucoup d'ennui. Faire un parcours de 32 km sur une piste (soit 80 tours !) vous donnera plus envie d'abandonner votre programme d'entraînement qu'une blessure.*

4. Les tapis de course : bon amortissement, bien pour les jours de récupération, mais trop monotones pour les longues distances.

5. Les routes recouvertes d'asphalte : elles permettent de se mettre dans les conditions du marathon. Elles amortissent un peu les chocs. Il y en a partout. Ne courez pas sur route tous les jours.

6. Le béton : un véritable poison pour vos jambes. À éviter si possible en sortie longue. Il est fort probable qu'il y en a sur votre parcours de marathon et c'est bien suffisant.

→ *Séance d'entraînement n° 2 : le fractionné avec répétitions de 400 m*

Cette séance a pour but de vous faire travailler **votre rendement** : il s'agit d'apprendre à bouger vos jambes plus vite afin qu'elles puissent **tenir facilement une allure de marathon**. Le mieux est d'aller sur une piste d'athlétisme en extérieur. Sinon mesurez 400 m sur un sentier plat ou dans une petite rue peu fréquentée.

Les répétitions de 400 m se font à une allure bien supérieure à celle à laquelle vous courrez votre marathon. Lors d'une séance, vous devrez faire entre 6 et 16 répétitions en intercalant 2 minutes de repos à chaque fois. Cet exercice habituera vos jambes à des allures supérieures à celles que vous travaillerez lors de vos sorties longues, mais sur des distances plus courtes et pendant moins de temps : 16 répétitions de 400 m, cela équivaut environ à 6,5 km.

L'exercice : courez 6 à 16 fois 400 m, en 2 min chaque fois, avec une pause de 2 min après chaque course ; 400 m, c'est un tour de piste.

Pour vous échauffer, faites un léger jogging de 10 min. Étirez-vous, puis commencez vos répétitions en mesurant vos temps à l'aide de votre montre sportive. Ne commencez pas trop vite. Votre vitesse doit rester constante. Contrôlez-la tous les 200 m (soit à 1 min) pour vous en assurer.
Peu à peu, vous vous habituerez à l'allure de cet exercice et vous n'aurez plus besoin de le faire. Essayez de courir à une allure de 5 min/km, soit 2 min pour 400 m, mais si au début, vous n'y parvenez pas, octroyez-vous entre 2 min 05 s et 2 min 15 s.

S'AMUSER ENTRE AMIS

Les exercices de vitesse comptent parmi les plus amusants à faire avec un ami qui s'entraîne aussi pour le marathon. D'abord, si vous avez rendez-vous sur la piste mercredi soir pour faire 10 fois 400 m, ce sera beaucoup moins facile de renoncer. En outre, votre ami et vous pourrez vous encourager mutuellement et jouer les meneurs d'allure à tour de rôle. Plus important encore, vous pouvez vous empêcher l'un l'autre de courir trop vite, ce qu'il est facile de faire quand on est seul avec son chronomètre.
Mettez-vous d'accord avec votre ami, ou un groupe d'amis de préférence, pour faire ensemble les longues sorties du samedi matin. Trois ou quatre heures de course à pied, c'est très dur quand on est seul avec les moineaux, mais cela devient beaucoup plus facile à plusieurs ; vous verrez, vous serez surpris.
Si vous ne connaissez personne qui s'entraîne pour le marathon, vous avez quand même la possibilité de trouver quelqu'un du même niveau que vous : regardez qui court sur les mêmes sentiers et chemins que vous. Parlez de votre entraînement

avec les autres coureurs jusqu'à ce que vous trouviez quelqu'un qui a les mêmes objectifs que vous. Certains magasins de chaussures de sport ou clubs de sport ont des tableaux d'affichage sur lesquels les coureurs qui cherchent des partenaires d'entraînement mettent des annonces. Trouvez ces tableaux et faites-en usage vous aussi.

Pour terminer, il n'est pas rare que les clubs de course à pied organisent des séances d'entraînement en groupe avec des exercices de vitesse un soir par semaine, et des sorties longues le samedi. Téléphonez-leur et demandez où et quand ont lieu ces séances : vous y trouverez forcément plusieurs personnes de votre niveau.

À la fin de chaque répétition, arrêtez votre chronomètre et regardez votre temps. Si vous avez couru pendant 2 min, c'est bien. Si vous avez mis 1 min 50 s, vous avez été trop rapide. Le but est de courir vos derniers 400 m avec autant de facilité que les premiers. Remettez votre chronomètre en marche et marchez ou trottez en faisant des allers et retours près de la ligne de départ pour récupérer pendant 2 min. Buvez un peu d'eau si vous avez soif. Lorsque ce laps de temps sera presque écoulé, remettez votre chronomètre à zéro et mettez-vous en position sur la ligne de départ. Puis lancez-vous.

Je vous recommande de diviser cette séance en quatre : si vous avez décidé de faire 12 ou 16 fois 400 m, faites des séries de 4, puis marchez ou trottinez durant 5 min avant la série suivante.

Après la dernière répétition, faites un léger jogging de 10 min pour vous refroidir en douceur et parachever ainsi votre séance.

• Quelques conseils pour les répétitions de 400 m

1. Écoutez le commentaire de mon père : « C'est un exercice de vitesse. Mais il n'est pas éprouvant pour les poumons et les jambes travaillent beaucoup. Au début, il vous semblera peut-être difficile, mais si vous laissez à votre corps le temps de s'adapter, au bout de 2 à 3 semaines, vous prendrez le rythme ».

2. Courez avec un ami qui s'entraîne aussi pour terminer un marathon en 4 heures. Menez la course à tour de rôle, mais résistez à la tentation de faire la course entre vous. Réservez-vous pour le jour du marathon.

3. C'est un exercice drôle. Vous découvrirez que les répétitions de 400 m, en particulier avec un groupe d'amis, peuvent être particulièrement gratifiantes. Préparez-vous mentalement plusieurs heures à l'avance en vous imaginant en train de courir à grande vitesse alors que vous êtes encore assis au bureau par exemple.

4. Mangez un encas riche en glucides – des biscuits, une banane, une barre énergétique, etc. – ou buvez une boisson énergétique dès que vous avez terminé la séance d'entraînement afin de reconstituer vos réserves de glucides. Veillez également à prendre un encas riche à base de glucides 1 heure ou 2 avant la séance d'entraînement.

Cela vous aidera à vous sentir en forme pour relever le défi et à ne pas renoncer après quatre 400 m, alors que vous aviez prévu 8 répétitions.

→ *Séance d'entraînement n° 3 : le parcours chronométré*

Grâce aux parcours chronométrés, vous finirez par trouver facile votre allure de marathon – laquelle devra se situer entre 5 min 38 s et 5 min 41 s/km (voir p. 71). Faites vos parcours chronométrés à une allure allant de 5 min 29 s à 5 min 30 s au km. Plus vous irez vite, plus l'allure de marathon sera aisée pour vous par la suite. Et courez entre 6 et 13 km.

Ce type de séance vous fait **travailler votre résistance** et combiner ce que vous avez gagné en rendement via les répétitions de 400 m et en endurance via les sorties longues.

L'exercice : échauffez-vous en faisant un jogging de 10 min. Étirez-vous, puis courez 6,5 à 13 km à une allure rapide. Récupérez via un jogging de 10 min.

• Quelques conseils pour les parcours chronométrés

1. La clé de la réussite, c'est la concentration. Donnez-vous pour objectif de garder la même allure rapide pendant toute la séance. Parfois, cela vous sera difficile, mais dites-vous que vous courrez moins vite le jour du marathon. Le secret est là : les parcours chronométrés forgent le corps de telle façon qu'il trouve ensuite l'allure de marathon facile !

2. Courez avec des amis qui s'entraînent pour un marathon en 4 heures, mais ne faites pas la course entre vous.

3. Mieux vaut commencer lentement que vite. Vous pourrez probablement foncer et faire le premier kilomètre en 5 min 12 s. Vous serez tenté de le faire, car les répétitions de 400 m auront augmenté votre rendement et vous aurez les jambes qu'il faut. Mais si vous ne voulez pas avoir le souffle coupé au bout de vos 13 km, c'est à éviter.

4. Courez sur une bonne surface (voir p. 51).

5. Prenez un encas riche en glucides une ou 2 heures avant la séance.

6. Mangez un encas riche en glucides ou buvez une boisson énergétique/de récupération juste après avoir terminé.

→*Séance d'entraînement n° 4 : les courses et exercices de récupération*

La séance de récupération consiste en un jogging léger ou des exercices d'entraînement croisé (vélo, nage, marche ou séance douce de stepper). La récupération est la phase essentielle de l'entraînement que je vous propose. Vous vous demandez peut-être pourquoi faire 20 min de jogging est aussi important que courir 32 km ? La réponse est simple : votre corps a besoin de deux choses pour se fortifier et être capable de terminer un marathon en **4 heures**. En premier lieu, il a besoin de subir un **stress**, ce que lui imposent les trois exercices précédents. Dans un second temps, il faut que vous lui laissiez le temps de récupérer et de prendre des forces. Si vous accumulez les séances de travail intensif sans jamais vous octroyer de temps de récupération, vous aurez beaucoup plus de risques de vous blesser ou de prendre froid et de vous retrouver avec le nez qui coule.
On n'insiste jamais assez sur l'importance des journées de récupération dans le plan d'entraînement des coureurs : ne les ratez pas, parce que c'est le marathon que vous raterez en fin de compte.

L'exercice : faites un jogging à une allure inférieure de 40 secondes au km à votre allure de sortie longue. Ne courez pas plus de 30 minutes. Ou bien faites l'équivalent en exercices d'**entraînement croisé**.
L'entraînement croisé consiste à s'entraîner dans une autre discipline sportive. C'est une bonne technique pour les jours de récupération, car cela permet à votre corps comme à votre esprit de récupérer du stress de la course, puisque vous faites quelque chose de complètement différent. Vous pouvez pratiquer le cyclisme, la natation ou l'aérobic au niveau débutant, mais évitez le basket ou le racquetball, car le risque de blessure est beaucoup plus élevé. Évitez aussi les exercices de stepper

qui se rapprochent trop de la course ; vos jambes ne se reposeraient pas beaucoup. Cette séance d'entraînement doit être très facile. Si au bout de 10 minutes, vous êtes épuisé, ralentissez-en le rythme. Vous pouvez même envisager de ne rien faire du tout.

• Quelques conseils pour la séance de récupération

1. Courez sur des sols qui amortissent bien.

2. La séance ne doit pas durer plus de 20 à 30 min : l'objectif est de récupérer ; vous feriez le contraire en prolongeant trop l'entraînement.

3. Vérifiez que vous allez assez lentement en interrogeant votre montre. La règle est la suivante : plus vous être lent, mieux c'est. Répétez-le vous, pendant que vous courez ou que vous faites du vélo.

→ *Séance d'entraînement n° 5 : la journée de repos*

Un plan d'entraînement n'est pas complet s'il ne comprend pas des journées de repos pendant lesquelles on ne court ni ne suit de séances d'entraînement croisé. Ces jours-là, vous ne devez tout simplement rien faire. Insérez une journée de repos au moins tous les six jours. Ces journées ont autant d'importance pour votre entraînement que les journées de récupération.

L'exercice : pas de course à pied ni d'entraînement croisé du tout.

→ *Quelques conseils pour les journées de repos*

1. Faites la grasse matinée : la plupart des journées de repos ont lieu le dimanche, donc si vous le pouvez, profitez-en pour dormir plus longtemps ou pour faire une sieste dans l'après-midi.

2. Mangez : vous serez tenté de moins vous nourrir parce que vous ne courez pas. Ne le faites pas ! Au contraire, mangez des aliments riches en glucides pour refaire des réserves, mais ne faites pas de repas trop copieux tout de même.

3. Asseyez-vous ! Gardez les doigts de pied en éventail !

4. Prévoyez de faire quelque chose d'amusant qui ne soit pas éprouvant, de sorte à ne pas être tenté de vous échapper pour courir un peu. Allez au cinéma ou au théâtre. Lisez un bon livre. Sortez manger au restaurant. Allez voir un match de foot. Passez de bons moments avec votre moitié et vos enfants ou votre petit(e) ami(e). Vous leur manquez à force de vous entraîner tout le temps.

Dans ce chapitre, vous avez appris quels sont les différents types de séances d'entraînement qui vont vous préparer à courir un marathon en 4 heures. Dans les pages qui suivent, vous découvrirez comment ces exercices s'insèrent dans une stratégie globale d'entraînement.

6

Les 3 phases

Les 4 mois d'entraînement que je vous propose vont se diviser en 3 phases.

1. La première phase est **la phase d'endurance** : elle dure 8 semaines et l'entraînement y vise à travailler l'endurance et en second lieu le rendement.

2. La seconde phase est **la phase de résistance** : elle dure 6 semaines et se concentre sur le travail de la résistance tout en continuant d'augmenter l'endurance.

3. La dernière phase est **la phase d'affûtage** : elle dure deux semaines et a pour objectif le repos du corps avant la semaine du marathon.

→ *L'endurance*

A. L'exercice fondamental est la sortie longue hebdomadaire : vous commencerez par un parcours de 11 km et finirez par un parcours de 30,5 km.

Pendant la phase de résistance, avant le marathon, vous arriverez à courir jusqu'à 38,5 km.

B. Pour compléter, vous ajouterez des séances de fractionné avec 6 répétitions de 400 m au début et 16 répétitions à la fin.

C. Cette phase comprend encore 3 à 4 séances de jogging de récupération ou d'entraînement croisé.

D. Vous aurez un ou deux jours de repos total.

• Une semaine type de la *phase d'endurance*

Lundi : 40 min de jogging.

Mardi : 30 min d'entraînement croisé.

Mercredi : 12 x 400 m en 2 min 10 s.

Jeudi : 30 min d'entraînement croisé ou repos.

Vendredi : 30 min de jogging.

Samedi : sortie longue sur 16 à 23 km.

Dimanche : journée de repos.

→ *La résistance*

A. L'exercice principal est **la sortie longue** avec un parcours qui pourra mesurer jusqu'à 38,5 km.

B. L'exercice complémentaire est la course chronométrée sur 10 à 16 km.

C. Cette phase comprend aussi 3 à 4 séances de jogging de récupération ou d'entraînement croisé.

D. Vous aurez droit à un ou deux jours de repos.

• Une semaine type de la *phase de résistance*

Lundi : 40 min de jogging.

Mardi : 30 min d'entraînement croisé.

Mercredi : course sur 13 km à une allure de 5 min 30 s/km.

Jeudi : 30 min d'entraînement croisé ou repos.

Vendredi : 30 min de jogging ou repos.

Samedi : longue sortie sur 34 km.

Dimanche : repos.

→ *L'affûtage*

A. L'exercice principal, c'est le jogging léger ou l'entraînement croisé, 3 jours par semaine.

B. L'exercice complémentaire est un parcours de 16 km à votre allure de sortie longue.

C. Le deuxième exercice complémentaire est un parcours à l'allure de marathon soit 5 min 38 s au km.

D. Vous prendrez 2 à 3 jours de repos.

• Une semaine type de la *phase d'affûtage*

Lundi : 40 min de jogging.

Mardi : 30 min d'entraînement croisé.

Mercredi : repos.

Jeudi : course de 10 km à votre allure de marathon.

Vendredi : 30 min d'entraînement croisé ou repos.

Samedi : parcours de 16 km.

Dimanche : repos.

LE KILOMÉTRAGE HEBDOMADAIRE OU CE DONT IL VAUT MIEUX NE PAS PARLER

Le kilométrage hebdomadaire, *c'est-à-dire le nombre de kilomètres qu'on court par semaine, fait l'objet de beaucoup de débats entre marathoniens. Marque d'honneur, ce chiffre peut – plus souvent qu'on ne le pense – se révéler un véritable calvaire.*

Si vous commencez à vous imposer un kilométrage hebdomadaire et que vous vous forcez à courir 64 km la première semaine, puis 72 km la suivante et 80 celle d'après, etc., vous finirez par négliger vos temps de repos et par vous exposer aux blessures.

C'est pourquoi, si vous parlez un jour avec un accro du kilométrage hebdomadaire, n'oubliez jamais que c'est la qualité de vos séances d'entraînement (qui comprennent des sorties longues, des parcours chronométrés, du fractionné et... des jours de repos et de récupération) qui va vous permettre de franchir la ligne d'arrivée de votre marathon en **4 heures** *et non le nombre de kilomètres que vous pourrez inscrire chaque semaine sur votre journal d'entraînement.*

L'EXERCICE INDISPENSABLE POUR COURIR UN MARATHON EN 4 HEURES

Traditionnellement, on considère que la séance la plus importante dans le plan d'entraînement est **la sortie longue**. *C'est celle qui simule le mieux le marathon. Elle augmente l'endurance afin que vous puissiez réussir à parcourir les 42 km de l'épreuve. Mais* **la sortie longue** *N'EST PAS l'exercice clé pour réussir à courir* **un marathon en 4 heures**.

« Comment ça ? » dites-vous. « Vous venez d'affirmer le contraire ! »

Laissez-moi m'expliquer : les coureurs rapides, les marathoniens qui finissent la course en 2 h 15 min, font des sorties longues qui durent rarement plus de deux heures. Le jour suivant, leurs jambes sont prêtes à courir 13 à 16 km facilement. En revanche, un marathonien qui court le marathon en 4 heures aura besoin de deux fois plus de temps pour parcourir les mêmes distances. C'est beaucoup d'effort et ses jambes en prennent un coup.

C'est la raison pour laquelle, quand on s'entraîne pour **un marathon en 4 heures**, *la séance clé est la séance de repos après la sortie longue. C'est le moment où votre corps récupère et prend des forces. Et ce n'est pas aussi facile qu'il y paraît. Le jour suivant votre sortie longue, vous serez fatigué, mais gonflé à bloc : « Super, j'ai couru 29 km hier ! J'ai bien envie d'aller faire un tour de piste et d'en parler à tout le monde tout en faisant 11 km de plus ! »*

La réponse est non. Installez-vous directement sur votre canapé, posez vos pieds en hauteur et allumez la télévision ou ouvrez un bon livre. Votre credo : **s'entraîner, c'est aussi se reposer**. *Mieux vaut que vous vous reposiez maintenant qu'au kilomètre 34 de votre marathon parce que vous serez trop fatigué ou blessé...*

Et n'oubliez pas votre objectif : c'est de courir un marathon en 4 heures. Pas d'impressionner vos amis avec votre entraînement !

• Courir ou se reposer ?

Quelques mots pour terminer sur l'importance du repos dans le plan d'entraînement. Voici la règle à suivre : vous pouvez rater une séance d'entraînement difficile, mais jamais un jour de repos. Bill Rodgers, qui

a remporté le marathon de Boston, transmettait il y a quelques années à un groupe de marathoniens le meilleur conseil qu'il avait jamais reçu en matière de marathon :
« Arrive en bonne santé sur la ligne de départ. »
Cela n'est possible que si vous êtes raisonnable et que vous vous reposez souvent.

Vous savez maintenant que certains exercices sont plus ou moins importants selon la phase d'entraînement dans laquelle vous vous trouvez. Voyons maintenant votre plan d'entraînement en détail pour que vous sachiez exactement quoi faire jour après jour au cours des 4 mois de votre préparation.

7

Plans d'entraînement sur 16 semaines et compte à rebours de la semaine du marathon

L'allure moyenne pour un **marathon en 4 heures** est d'environ 5 min 44 s au kilomètre. Mais vous devrez courir la majorité de votre marathon à une allure de 5 min 38 s au km (voir p. 71).

→ Plan d'entraînement pour un marathon en 4 heures :

• Semaines 1 à 8 : phase d'endurance

Semaine 1 :

Lundi : 40 min de jogging.

Mardi : 30 min d'entraînement croisé.

Mercredi : 6 x 400 m en 2 min 05 s à 2 min 15 s.

Jeudi : 30 min de jogging ou repos.

Vendredi : 20 à 30 min d'entraînement croisé.

Samedi : 11 km à une allure de 6 min 40 s à 6 min 59 s au km.

Dimanche : repos.

Semaine 2 :

Lundi : 40 min de jogging.

Mardi : 30 min d'entraînement croisé.

Mercredi : 8 x 400 m en 2 min 05 s à 2 min 15 s.

Jeudi : 30 min de jogging ou repos.

Vendredi : 30 min d'entraînement croisé.

Samedi : 14,5 km à une allure de 6 min 40 s à 6 min 59 s au km.

Dimanche : repos.

Semaine 3 :

Lundi : 40 min de jogging.

Mardi : 30 min d'entraînement croisé.

Mercredi : 10 x 400 m en 2 min 05 s à 2 min 15 s.

Jeudi : 30 min de jogging ou repos.

Vendredi : 30 min d'entraînement croisé.

Samedi : 17,5 km à une allure de 6 min 40 s à 7 min 05 s au km.

Dimanche : repos.

Semaine 4 :

Lundi : 40 min de jogging.

Mardi : 30 min d'entraînement croisé.

Mercredi : 12 x 400 m en 2 min 05 s à 2 min 15 s.

Jeudi : 40 min de jogging ou repos.

Vendredi : 30 min d'entraînement croisé.

Samedi : 21 km à une allure de 6 min 40 s à 7 min 05 s au km.

Dimanche : repos.

Semaine 5 :

Lundi : 40 min de jogging.

Mardi : 30 min d'entraînement croisé.

Mercredi : 6 x 400 m en 2 min 00 s à 2 min 10 s.

Jeudi : 30 min de jogging ou repos.

Vendredi : 30 min de vélo ou de natation.

Samedi : 13 km à une allure de 6 min 40 s à 7 min 05 s au km.

Dimanche : repos.

Semaine 6 :

Lundi : 40 min de jogging.

Mardi : 30 min d'entraînement croisé.

Mercredi : 14 x 400 m en 2 min 00 s à 2 min 10 s.

Jeudi : 30 min de jogging.

Vendredi : 30 min d'entraînement croisé ou repos.

Samedi : 24 km à une allure de 6 min 40 s à 6 min 59 s au km.

Dimanche : repos.

Semaine 7 :

Lundi : 40 minutes de jogging.

Mardi : 30 min d'entraînement croisé.

Mercredi : 16 x 400 m en 2 min 00 s à 2 min 10 s.

Jeudi : 30 min de jogging.

Vendredi : 30 min d'entraînement croisé ou repos.

Samedi : 27 km à une allure de 6 min 40 s à 6 min 59 s au km.

Dimanche : repos.

Semaine 8 :

Lundi : 40 min de jogging.

Mardi : 30 min d'entraînement croisé.

Mercredi : 16 x 400 m en 2 min 00 s à 2 min 10 s.

Jeudi : 30 min de jogging ou repos.

Vendredi : 30 min d'entraînement croisé.

Samedi : 16 km à une allure de 6 min 40 s à 6 min 59 s au km.

Dimanche : repos.

• Semaines 9 à 14 : phase de résistance

Semaine 9 :

Lundi : 40 min de jogging.

Mardi : 30 min d'entraînement croisé.

Mercredi : 6,5 km à une allure de 5 min 29 s à 5 min 30 s au km.

Jeudi : 30 min de jogging ou repos.

Vendredi : 30 min d'entraînement croisé.

Samedi : 30,5 km à une allure de 6 min 40 s à 6 min 59 s au km.

Dimanche : repos.

Semaine 10 :

Lundi : 40 min de jogging.

Mardi : 30 min d'entraînement croisé.

Mercredi : 10 km à une allure de 5 min 29 s à 5 min 30 s au km.

Jeudi : 30 min de jogging ou repos.

Vendredi : repos.

Samedi : 16 km à une allure de 6 min 40 s à 6 min 59 s au km.

Dimanche : repos.

Semaine 11 :

Lundi : repos.

Mardi : 30 min de jogging.

Mercredi : 5 km à une allure de 5 min 29 s au km.

Jeudi : 30 min de jogging ou repos.

Vendredi : 30 min d'entraînement croisé.

Samedi : 33 km à une allure de 6 min 40 s à 6 min 59 s au km.

Dimanche : repos.

Semaine 12 :

Lundi : 40 min de jogging.

Mardi : 30 min d'entraînement croisé.

Mercredi : 11 km à une allure de 5 min 29 s à 5 min 30 s au km.

Jeudi : 30 min de jogging ou repos.

Vendredi : repos.

Samedi : 16 km à une allure de 6 min 40 s à 6 min 59 s au km.

Dimanche : repos.

Semaine 13 :

Lundi : repos.

Mardi : 30 min d'entraînement croisé.

Mercredi : 13 km à une allure de 5 min 29 s à 5 min 30 s au km.

Jeudi : 30 min de jogging ou repos.

Vendredi : repos.

Samedi : 22,5 km à une allure de 6 min 40 s à 6 min 59 s au km.

Dimanche : repos.

Semaine 14 :

Lundi : 40 min de jogging.

Mardi : 30 min d'entraînement croisé.

Mercredi : 13 km à une allure de 5 min 29 s à 5 min 30 s au km.

Jeudi : 30 min de jogging.

Vendredi : repos.

Samedi : 5 km à une allure de 6 min 40 s à 6 min 59 s au km.

Dimanche : repos.

• Semaines 15 et 16 : phase d'affûtage

Semaine 15 :

Lundi : repos.

Mardi : 30 min d'entraînement croisé.

Mercredi : 30 min de jogging.

Jeudi : 30 min d'entraînement croisé.

Vendredi : 30 min de jogging.

Samedi : 16 km à une allure de 6 min 40 s à 6 min 59 s au km.

Dimanche : repos.

Semaine 16 :

Lundi : 40 min de jogging.

Mardi : 30 min d'entraînement croisé.

Mercredi : 8 km à une allure de 5 min 38 s au km (allure de marathon).

Jeudi : 30 min de jogging.

Vendredi : 30 min d'entraînement croisé.

Samedi : 13 km à une allure de 5 min 38 s au km (allure de marathon).

Dimanche : repos.

Semaine 17 : semaine du marathon !

Lundi : repos.

Mardi : 30 min de jogging.

Mercredi : 6,7 km à une allure de 5 min 38 s au km (allure de marathon !).

Jeudi : repos.

Vendredi : 20 min de jogging ou repos.

Samedi : repos.

Dimanche : marathon en 4 heures !

L'ALLURE DE MARATHON

Comme vous avez pu le remarquer, l'allure de marathon donnée ci-dessus est légèrement plus rapide – environ 6 secondes en moins au km – que **l'allure moyenne** *à laquelle vous devez courir les 42,195 km de votre marathon pour le terminer en* **4 heures**.

Lorsque vous courrez votre marathon, vous aurez en effet besoin d'avoir une marge de manœuvre, un laps de temps, qui vous permette de ne pas paniquer au cours des 10 derniers kilomètres, lorsque vous réduirez légèrement votre allure (presque tout le monde le fait à ce moment-là). Courir plus rapidement en début de parcours vous permettra de ralentir sur la fin sans mettre en cause votre temps de course.

→ Plan d'entraînement pour un marathon en 4 h 15 min

Un marathon en 4 h 15 se court à une allure de 6 min 06 s au km environ. Mais votre allure réelle du jour de la course devra être de 5 min 59 s/km.

• Semaines 1 à 8 : phase d'endurance

Semaine 1 :

Lundi : 40 min de jogging.

Mardi : 30 min d'entraînement croisé.

Mercredi : 6 x 400 m en 2 min 10 s à 2 min 20 s.

Jeudi : 30 min d'entraînement croisé ou repos.

Vendredi : 20 min de jogging.

Samedi : 11 km à une allure de 6 min 43 s à 7 min 02 s au km.

Dimanche : repos.

Semaine 2 :

Lundi : 40 min de jogging.

Mardi : 30 min d'entraînement croisé.

Mercredi : 8 x 400 m en 2 min 10 s à 2 min 20 s.

Jeudi : 30 min d'entraînement croisé ou repos.

Vendredi : 20 min de jogging.

Samedi : 14,5 km à une allure de 6 min 43 s à 7 min 02 s au km.

Dimanche : repos.

Semaine 3 :

Lundi : 40 min de jogging.

Mardi : 30 min d'entraînement croisé.

Mercredi : 10 x 400 m en 2 min 10 s à 2 min 20 s.

Jeudi : 30 min d'entraînement croisé ou repos.

Vendredi : 20 min de jogging.

Samedi : 17,5 km à une allure de 6 min 43 s à 7 min 02 s au km.

Dimanche : repos.

Semaine 4 :

Lundi : 40 min de jogging.

Mardi : 30 min d'entraînement croisé.

Mercredi : 12 x 400 m en 2 min 10 s à 2 min 20 s.

Jeudi : 30 min d'entraînement croisé ou repos.

Vendredi : 20 min de jogging.

Samedi : 21 km à une allure de 6 min 43 s à 7 min 02 s au km.

Dimanche : repos.

Semaine 5 :

Lundi : 40 min de jogging.

Mardi : 30 min d'entraînement croisé.

Mercredi : 6 x 400 m en 2 min 10 s à 2 min 15 s.

Jeudi : 30 min d'entraînement croisé ou repos.

Vendredi : 20 min de jogging.

Samedi : 13 km à une allure de 6 min 43 s à 7 min 02 s au km.

Dimanche : repos.

Semaine 6 :

Lundi : 40 min de jogging.

Mardi : 30 min d'entraînement croisé.

Mercredi : 14 x 400 m en 2 min 10 s à 2 min 15 s.

Jeudi : 30 min d'entraînement croisé ou repos.

Vendredi : 20 min de jogging.

Samedi : 24 km à une allure de 6 min 43 s à 7 min 02 s au km.

Dimanche : repos.

Semaine 7 :

Lundi : 40 min de jogging.

Mardi : 30 min d'entraînement croisé.

Mercredi : 16 x 400 m en 2 min 10 s.

Jeudi : 30 min d'entraînement croisé ou repos.

Vendredi : 20 min de jogging.

Samedi : 16 km à une allure de 6 min 43 s à 7 min 02 s au km.

Dimanche : repos.

Semaine 8 :

Lundi : 40 min de jogging.

Mardi : 30 min d'entraînement croisé.

Mercredi : 16 x 400 m en 2 min 05 s à 2 min 15 s.

Jeudi : 30 min d'entraînement croisé ou repos.

Vendredi : 20 min de jogging.

Samedi : 16 km à une allure de 6 min 43 s à 7 min 02 s au km.

Dimanche : repos.

• Semaines 9 à 14 : phase de résistance

Semaine 9 :

Lundi : 40 min de jogging.

Mardi : 30 min d'entraînement croisé.

Mercredi : 6,5 km à une allure de 5 min 50 s à 5 min 53 s au km.

Jeudi : 30 min d'entraînement croisé ou repos.

Vendredi : 20 min de jogging.

Samedi : 11 km à une allure de 6 min 43 s à 7 min 02 s au km.

Dimanche : repos.

Semaine 10 :

Lundi : 40 min de jogging.

Mardi : 30 min d'entraînement croisé.

Mercredi : 8 km à une allure de 5 min 50 s à 5 min 53 s au km.

Jeudi : 30 min d'entraînement croisé ou repos.

Vendredi : 20 min de jogging.

Samedi : 16 km à une allure de 6 min 43 s à 7 min 02 s au km.

Dimanche : repos.

Semaine 11 :

Lundi : repos.

Mardi : 30 min d'entraînement croisé.

Mercredi : 5 km à une allure de 5 min 50 s à 5 min 53 s au km.

Jeudi : repos.

Vendredi : 20 min de jogging.

Samedi : 30 km à une allure de 6 min 43 s à 7 min 02 s au km.

Dimanche : repos.

Semaine 12 :

Lundi : 40 min de jogging.

Mardi : 30 min d'entraînement croisé.

Mercredi : 10 km à une allure de 5 min 50 s à 5 min 53 s au km.

Jeudi : 30 min d'entraînement croisé.

Vendredi : repos.

Samedi : 37 km à une allure de 6 min 43 s à 7 min 02 s au km.

Dimanche : repos.

Semaine 13 :

Lundi : repos.

Mardi : 30 min de jogging.

Mercredi : 13 km à une allure de 5 min 50 s à 5 min 53 s au km.

Jeudi : 30 min d'entraînement croisé.

Vendredi : repos.

Samedi : 22,5 km à une allure de 6 min 43 s à 7 min 02 s au km.

Dimanche : repos.

Semaine 14 :

Lundi : 40 min de jogging.

Mardi : 30 min d'entraînement croisé.

Mercredi : 13 km à une allure de 5 min 50 s à 5 min 53 s au km.

Jeudi : 30 min d'entraînement croisé ou repos.

Vendredi : repos.

Samedi : 38,5 km à une allure de 6 min 43 s à 7 min 02 s au km.

Dimanche : repos.

• Semaines 15 et 16 : phase d'affûtage

Semaine 15 :

Lundi : repos.

Mardi : 30 min d'entraînement croisé.

Mercredi : 30 min de jogging.

Jeudi : 30 min d'entraînement croisé ou repos.

Vendredi : 30 min de jogging.

Samedi : 16 km à une allure de 6 min 43 s à 7 min 02 s au km.

Dimanche : repos.

Semaine 16 :

Lundi : 40 min de jogging.

Mardi : 30 min d'entraînement croisé.

Mercredi : 8 km à une allure de 5 min 59 s au km (allure de marathon !).

Jeudi : repos.

Vendredi : 30 min d'entraînement croisé.

Samedi : 13 km à une allure de 5 min 59 s au km (allure de marathon !).

Dimanche : repos.

Semaine 17 : semaine du marathon !

Lundi : repos.

Mardi : 30 min de jogging.

Mercredi : 6,5 km à une allure de 5 min 59 s au km (allure de marathon !).

Jeudi : repos.

Vendredi : 20 min de jogging ou repos.

Samedi : repos.

Dimanche : marathon en 4 h 15 min !

→Plan d'entraînement pour un marathon en 4 h 30 min

Courir un marathon en 4 h 30 min se fait en moyenne à une allure de 6 min 27 s/km. L'allure à adopter en début de course sera cependant de 6 min 21 s au km.

• Semaines 1 à 8 : phase d'endurance

Semaine 1 :

Lundi : 40 min de jogging.

Mardi : 30 min d'entraînement croisé.

Mercredi : 6 x 400 m en 2 min 15 s à 2 min 25 s.

Jeudi : 30 min d'entraînement croisé ou repos.

Vendredi : 30 min de jogging.

Samedi : 11 km à une allure de 7 min 24 s à 7 min 42 s au km.

Dimanche : repos.

Semaine 2 :

Lundi : 40 min de jogging.

Mardi : 30 min d'entraînement croisé.

Mercredi : 7 x 400 m en 2 min 15 s à 2 min 25 s.

Jeudi : 30 min d'entraînement croisé ou repos.

Vendredi : 30 min de jogging.

Samedi : 14,5 km à une allure de 7 min 24 s à 7 min 42 s au km.

Dimanche : repos.

Semaine 3 :

Lundi : 40 min de jogging.

Mardi : 30 min d'entraînement croisé.

Mercredi : 8 x 400 m en 2 min 15 s à 2 min 25 s.

Jeudi : 30 min d'entraînement croisé ou repos.

Vendredi : 30 min de jogging.

Samedi : 17,5 km à une allure de 7 min 24 s à 7 min 42 s au km.

Dimanche : repos.

Semaine 4 :

Lundi : 40 min de jogging.

Mardi : 30 min d'entraînement croisé.

Mercredi : 10 x 400 m en 2 min 15 s à 2 min 25 s.

Jeudi : 30 min d'entraînement croisé ou repos.

Vendredi : 30 min de jogging.

Samedi : 21 km à une allure de 7 min 24 s à 7 min 42 s au km.

Dimanche : repos.

Semaine 5 :

Lundi : 40 min de jogging.

Mardi : 30 min d'entraînement croisé.

Mercredi : 6 x 400 m en 2 min 15 s à 2 min 25 s.

Jeudi : 30 min d'entraînement croisé.

Vendredi : 30 min de jogging.

Samedi : 13 km à une allure de 7 min 24 s à 7 min 42 s au km.

Dimanche : repos.

Semaine 6 :

Lundi : 40 min de jogging.

Mardi : 30 min d'entraînement croisé.

Mercredi : 12 x 400 m en 2 min 15 s à 2 min 25 s.

Jeudi : 30 min d'entraînement croisé ou repos.

Vendredi : 30 min de jogging.

Samedi : 24 km à une allure de 7 min 24 s à 7 min 42 s au km.

Dimanche : repos.

Semaine 7 :

Lundi : 40 min de jogging.

Mardi : 30 min d'entraînement croisé.

Mercredi : 14 x 400 m en 2 min 15 s à 2 min 20 s.

Jeudi : 30 min d'entraînement croisé ou repos.

Vendredi : 30 min de jogging ou repos.

Samedi : 27 km à une allure de 7 min 24 s à 7 min 42 s au km.

Dimanche : repos.

Semaine 8 :

Lundi : 40 min de jogging.

Mardi : 30 min d'entraînement croisé.

Mercredi : 16 x 400 m en 2 min 15 s.

Jeudi : 30 min d'entraînement croisé ou repos.

Vendredi : 30 min de jogging.

Samedi : 16 km à une allure de 7 min 24 s à 7 min 42 s au km.

Dimanche : repos.

• Semaines 9 à 14 : phase de résistance

Semaine 9 :

Lundi : 40 min de jogging.

Mardi : 30 min d'entraînement croisé.

Mercredi : 8 km à une allure de 6 min 12 s à 6 min 25 s au km.

Jeudi : 30 min d'entraînement croisé ou repos.

Vendredi : 30 min de jogging.

Samedi : 30,5 km à une allure de 7 min 24 s à 7 min 42 s au km.

Dimanche : repos.

Semaine 10 :

Lundi : 40 min de jogging.

Mardi : 30 min d'entraînement croisé.

Mercredi : 10 km à une allure de 6 min 12 s à 6 min 25 s au km.

Jeudi : 30 min d'entraînement croisé ou repos.

Vendredi : 30 min de jogging.

Samedi : 34 km à une allure de 7 min 24 s à 7 min 42 s au km.

Dimanche : repos.

Semaine 11 :

Lundi : repos.

Mardi : 30 min d'entraînement croisé.

Mercredi : 5 km à une allure de 6 min 12 s à 6 min 25 s au km.

Jeudi : 30 min d'entraînement croisé ou repos.

Vendredi : repos.

Samedi : 16 km à une allure de 7 min 24 s à 7 min 42 s au km.

Dimanche : repos.

Semaine 12 :

Lundi : 40 min de jogging.

Mardi : 30 min d'entraînement croisé.

Mercredi : 11 km à une allure de 6 min 12 s à 6 min 25 s au km.

Jeudi : 30 min d'entraînement croisé ou repos.

Vendredi : repos.

Samedi : 37 km à une allure de 7 min 24 s à 7 min 42 s au km.

Dimanche : repos.

Semaine 13 :

Lundi : 40 min de jogging.

Mardi : 30 min d'entraînement croisé.

Mercredi : 13 km à une allure de 6 min 12 s à 6 min 25 s au km.

Jeudi : 30 min d'entraînement croisé ou repos.

Vendredi : repos.

Samedi : 22,5 km à une allure de 7 min 24 s à 7 min 42 s au km.

Dimanche : repos.

Semaine 14 :

Lundi : 40 min de jogging.

Mardi : 30 min d'entraînement croisé.

Mercredi : 13 km à une allure de 6 min 12 s à 6 min 25 s au km.

Jeudi : 30 min d'entraînement croisé ou repos.

Vendredi : repos.

Samedi : 38,5 km à une allure de 7 min 24 s à 7 min 42 s au km.

Dimanche : repos.

• Semaines 15 et 16 : phase d'affûtage

Semaine 15 :

Lundi : repos.

Mardi : 30 min d'entraînement croisé.

Mercredi : 30 min de jogging.

Jeudi : repos.

Vendredi : 30 min de jogging.

Samedi : 16 km à une allure de 7 min 05 s à 7 min 24 s au km.

Dimanche : repos.

Semaine 16 :

Lundi : 40 min de jogging.

Mardi : 30 min d'entraînement croisé.

Mercredi : 8 km à une allure de 6 min 21 s au km (allure de marathon !).

Jeudi : repos.

Vendredi : 30 min de jogging.

Samedi : 13 km à une allure de 6 min 21 s au km (allure de marathon !).

Dimanche : repos.

Semaine 17 :

Lundi : repos.

Mardi : 30 min d'entraînement croisé.

Mercredi : 8 km à une allure de 6 min 21 s au km (allure de marathon !).

Jeudi : repos.

Vendredi : 20 min de jogging ou repos.

Samedi : repos.

Dimanche : marathon en 4 h 30 min !

→ Plan d'entraînement pour un marathon en 4 h 45 min

Vous courrez votre marathon en 4 h 45 en adoptant une allure moyenne de 6 min 47 s au km, mais vous devrez commencer la course à l'allure de 6 min 41 s/km.

• Semaines 1 à 8 : phase d'endurance

Semaine 1 :

Lundi : 40 min de jogging.

Mardi : 30 min d'entraînement croisé.

Mercredi : 6 x 400 m en 2 min 25 s à 2 min 35 s.

Jeudi : 30 min d'entraînement croisé ou repos.

Vendredi : 30 min de jogging.

Samedi : 11 km à une allure de 7 min 44 s à 8 min 02 s au km.

Dimanche : repos.

Semaine 2 :

Lundi : 40 min de jogging.

Mardi : 30 min d'entraînement croisé.

Mercredi : 7 x 400 m en 2 min 25 s à 2 min 35 s.

Jeudi : 30 min d'entraînement croisé ou repos.

Vendredi : 30 min de jogging.

Samedi : 14,5 km à une allure de 7 min 44 s à 8 min 02 s au km.

Dimanche : repos.

Semaine 3 :

Lundi : 40 min de jogging.

Mardi : 30 min d'entraînement croisé.

Mercredi : 8 x 400 m en 2 min 25 s à 2 min 35 s.

Jeudi : 30 min d'entraînement croisé ou repos.

Vendredi : 30 min de jogging.

Samedi : 17,5 km à une allure de 7 min 44 s à 8 min 02 s au km.

Dimanche : repos.

Semaine 4 :

Lundi : 40 min de jogging.

Mardi : 30 min d'entraînement croisé.

Mercredi : 10 x 400 m en 2 min 25 s à 2 min 35 s.

Jeudi : 30 min d'entraînement croisé ou repos.

Vendredi : 30 min de jogging.

Samedi : 21 km à une allure de 7 min 44 s à 8 min 02 s au km.

Dimanche : repos.

Semaine 5 :

Lundi : 40 min de jogging.

Mardi : 30 min d'entraînement croisé.

Mercredi : 6 x 400 m en 2 min 25 s à 2 min 35 s.

Jeudi : 30 min d'entraînement croisé ou repos.

Vendredi : 30 min de jogging.

Samedi : 13 km à une allure de 7 min 44 s à 8 min 02 s au km.

Dimanche : repos.

Semaine 6 :

Lundi : 40 min de jogging.

Mardi : 30 min d'entraînement croisé.

Mercredi : 12 x 400 m en 2 min 25 s à 2 min 35 s.

Jeudi : 30 min d'entraînement croisé ou repos.

Vendredi : 30 min de jogging.

Samedi : 24 km à une allure de 7 min 44 s à 8 min 02 s au km.

Dimanche : repos.

Semaine 7 :

Lundi : 40 min de jogging.

Mardi : 30 min d'entraînement croisé.

Mercredi : 14 x 400 m en 2 min 25 s à 2 min 30 s.

Jeudi : 30 min d'entraînement croisé ou repos.

Vendredi : 30 min de jogging.

Samedi : 27 km à une allure de 7 min 44 s à 8 min 02 s au km.

Dimanche : repos.

Semaine 8 :

Lundi : 40 min de jogging.

Mardi : 30 min d'entraînement croisé.

Mercredi : 16 x 400 m en 2 min 25 s.

Jeudi : repos.

Vendredi : 30 min de jogging.

Samedi : 16 km à une allure de 7 min 44 s à 8 min 02 s au km.

Dimanche : repos.

• Semaines 9 à 14 : phase de résistance

Semaine 9 :

Lundi : 40 min de jogging.

Mardi : 30 min d'entraînement croisé.

Mercredi : 8 km à une allure de 6 min 30 s à 6 min 34 s au km.

Jeudi : 30 min d'entraînement croisé ou repos.

Vendredi : 30 min de jogging.

Samedi : 30,5 km à une allure de 7 min 44 s à 8 min 02 s au km.

Dimanche : repos.

Semaine 10 :

Lundi : 40 min de jogging.

Mardi : 30 min d'entraînement croisé.

Mercredi : 10 km à une allure de 6 min 30 s à 6 min 34 s au km.

Jeudi : 30 min d'entraînement croisé ou repos.

Vendredi : 30 min de jogging.

Samedi : 34 km à une allure de 7 min 44 s à 8 min 02 s au km.

Dimanche : repos.

Semaine 11 :

Lundi : repos.

Mardi : 30 min d'entraînement croisé.

Mercredi : 5 km à une allure de 6 min 30 s à 6 min 34 s au km.

Jeudi : 30 min d'entraînement croisé ou repos.

Vendredi : repos.

Samedi : 16 km à une allure de 7 min 44 s à 8 min 02 s au km.

Dimanche : repos.

Semaine 12 :

Lundi : 40 min de jogging.

Mardi : 30 min d'entraînement croisé.

Mercredi : 11 km à une allure de 6 min 30 s à 6 min 34 s au km.

Jeudi : 30 min d'entraînement croisé ou repos.

Vendredi : repos.

Samedi : 37 km à une allure de 7 min 44 s à 8 min 02 s au km.

Dimanche : repos.

Semaine 13 :

Lundi : 40 min de jogging.

Mardi : 30 min d'entraînement croisé.

Mercredi : 13 km à une allure de 6 min 30 s à 6 min 34 s au km.

Jeudi : 30 min d'entraînement croisé ou repos.

Vendredi : repos.

Samedi : 22,5 km à une allure de 7 min 44 s à 8 min 02 s au km.

Dimanche : repos.

Semaine 14 :

Lundi : 40 min de jogging.

Mardi : 30 min d'entraînement croisé.

Mercredi : 13 km à une allure de 6 min 30 s à 6 min 34 s au km.

Jeudi : 30 min d'entraînement croisé ou repos.

Vendredi : repos.

Samedi : 38,5 km à une allure de 7 min 44 s à 8 min 02 s au km.

Dimanche : repos.

• Semaines 15 et 16 : phase d'affûtage

Semaine 15 :

Lundi : repos.

Mardi : 30 min d'entraînement croisé.

Mercredi : 30 min de jogging.

Jeudi : repos.

Vendredi : 30 min de jogging.

Samedi : 16 km à une allure de 7 min 44 s à 8 min 02 s au km.

Dimanche : repos.

Semaine 16 :

Lundi : 40 min de jogging.

Mardi : 30 min d'entraînement croisé.

Mercredi : 8 km à une allure de 6 min 41 s au km (allure de marathon !).

Jeudi : repos.

Vendredi : 30 min de jogging.

Samedi : 13 km à une allure de 6 min 41 s au km (allure de marathon !).

Dimanche : repos.

Semaine 17 : semaine du marathon !

Lundi : repos.

Mardi : 30 min d'entraînement croisé.

Mercredi : 8 km à une allure de 6 min 41 s au km (allure de marathon !).

Jeudi : repos

Vendredi : 20 min de jogging ou repos.

Samedi : repos.

Dimanche : marathon en 4 h 45 !

L'entraînement quotidien est la base de toute préparation au marathon. Laissez-moi en plus vous enseigner comment gérer le **marathon en 4 heures** lui-même.

8

Mission possible

Mission possible, M. Phidippidès…

C'est le moment de parler de la course en elle-même, celle que Phidippidès, messager grec qui courut du champ de bataille de Marathon à Athènes pour apporter la nouvelle de la victoire, fut le premier à réaliser.

→ Détail de la course

Départ : Démarrez doucement, les bras écartés pour éviter d'être bousculé et de perdre l'équilibre. Ne slalomez pas entre les autres coureurs : ce n'est qu'une perte d'énergie et vous risquez de terminer sur la chaussée. Détendez vous. Considérez que c'est votre séance d'échauffement.

Entre 800 m et 1 600 m : Il commence à y avoir moins de monde autour de vous. Votre but : trouver votre allure de 5 min 38 s/km. Placez-vous sur une voie libre. Imprégnez-vous de l'atmosphère de la course et gardez ces impressions en vous, pour vous aider en fin de course. Dites-vous que vous êtes en train de courir un marathon en **4 heures** ! Je vais courir un marathon en **4 heures** !

À 1 600 m : Vous devriez avoir une allure de 5 min 44 s à 5 min 47 s au km, mais il se peut que vous soyez un peu plus lent – de 10 à 20 s au km – à cause de la foule du départ. Ne paniquez pas. Vous rattraperez votre retard. Restez détendu et continuez à votre rythme.

Kilomètre 3 : Temps écoulé : 17 min 12 s à 17 min 20 s. La plupart des coureurs qui vous entourent termineront en 4 heures. Quelques-uns vont accélérer pour rattraper le groupe de ceux qui visent les 3 heures 30 min Vous les doublerez peut-être à votre tour, entre le kilomètre 16 et le kilomètre 32, quand ils lutteront pour respirer. Alors laissez-les partir, et maintenez votre allure. Vous savez ce que vous avez à faire. Tenez-vous-en là.

Kilomètre 5 : 28 min environ. Premier poste de ravitaillement en eau. Buvez (voir l'encadré ci-dessous).

RAVITAILLEMENT – MODE D'EMPLOI

Les postes de ravitaillement *des marathons sont un monde à part, de véritables oasis qui vous sembleront des mirages vers la fin de la course. Dans la plupart des cas, on en trouve tous les 3 ou 5 km. Certains marathons en proposent même tous les 1 500 m à partir du kilomètre 32. Renseignez-vous par téléphone pour savoir où ces postes de ravitaillement vont se trouver sur le parcours de sorte à pouvoir les simuler lors de vos sorties longues. C'est comme dans une cafétéria, sauf que vous faites la queue en courant et qu'il n'y a qu'un ou deux produits offerts : de l'eau ou de l'eau et une boisson énergétique.*

Mais attention, si vous ne voulez pas repartir en ayant soif, il y a un protocole à respecter :

1. *Repérez à l'avance le poste de ravitaillement. Il y a parfois un panneau indiquant sa présence ou quelqu'un qui vous en informe en criant.*

2. *Faites votre choix : en général, on vous propose d'abord de l'eau, même aux postes qui offrent eau et boissons énergétiques. Mieux vaut boire d'abord de l'eau, puis de l'eau et des boissons énergétiques plus tard dans la course (vers les 10 km, environ 45 minutes après le départ).*

3. *Ralentissez.*

4. *Faites la queue. La file d'attente peut être simple ou double. Rapprochez-vous du côté où l'on tend l'eau.*

5. *Servez-vous en début de poste. Les grands postes de ravitaillement peuvent s'étendre sur 30 m. Si vous courez dans un groupe, allez boire au début du poste. De cette manière, si – et j'espère que cela n'arrivera pas ! – vous faites tomber votre gobelet, vous pourrez toujours en prendre un deuxième un peu plus loin dans le poste. NB : si vous ne parvenez pas à boire, il faut que vous vous arrêtiez et retourniez en arrière. Ne ratez jamais un ravitaillement en eau, même si c'est en début de course et que vous n'avez pas encore soif. Ce sont en réalité les ravitaillements les plus importants : l'eau que vous y buvez vous servira plus tard.*

6. *Entrez au plus vite en contact visuel avec le ou la bénévole qui propose de l'eau et tendez votre main pour lui signaler que vous voulez boire.*

7. *Attrapez le gobelet et placez-le devant vous bien au centre. Il n'est pas rare d'en renverser un peu. Reprenez votre équilibre. Éloignez-vous de la foule du poste de ravitaillement. Ralentissez ou arrêtez-vous si nécessaire puis écrasez votre gobelet pour former une sorte d'entonnoir et buvez-en tout le contenu.*

8. *Lorsqu'il fait chaud, vous pouvez demander un deuxième gobelet pour le renverser sur votre tête, mais vérifiez que c'est bien de l'eau et faites attention à ne pas mouiller vos chaussures en vous arrosant trop.*

9. *Jetez votre gobelet dans les poubelles prévues à cet effet plus loin sur la route ou lancez-la sur le côté.*

10. *Reprenez votre allure de 5 min 38 s. N'accélérez pas pour rattraper le temps perdu ; ce ne sont que quelques secondes. Vous les rattraperez au cours des prochains 1 500 m.*

Que consommer aux postes de ravitaillement :
Au cours des premières 45 minutes de marathon : buvez de l'eau.
Après 45 minutes : alternez eau et boisson énergétique d'un poste à l'autre.

Si vous avez prévu de vous **ravitailler** *avec un gel énergétique, des pastilles de glucose, des bonbons, des biscuits ou des barres énergétiques, faites-le après une heure de course au niveau des postes de ravitaillement et avec beaucoup d'eau.*

Kilomètre 6 : Vous devriez y être aux alentours de 34 minutes de temps écoulé, selon l'allure de course fixée au départ. Essayez de vous détendre. Les prochains kilomètres vont passer rapidement.

Kilomètre 8 : 45 min 02 s. Super ! Vous avez la bonne allure. Secouez un peu vos bras. Tournez la tête de droite à gauche. Essayez de rester calme et détendu.

Kilomètre 10 : 56 min 18 s. Préparez-vous pour le prochain poste de ravitaillement. Prenez-y de l'eau ou une boisson énergétique. Ravitaillez votre corps.

Kilomètre 11 : 1 h 01 min 56 s. Attention, premier point critique ! Vous avez terminé un parcours de 10 km et vous vous sentez plein d'énergie grâce à la boisson, au gel ou à la barre énergétique que vous avez absorbé. Vous avancez à votre allure de croisière et tout va bien. C'est si facile que lorsque vous regardez les autres coureurs devant vous, une petite voix vous dit : « vas-y, prends leur allure ! ».
Surtout ne le faites pas ! Résistez à tout prix à l'envie d'accélérer pendant votre marathon. Vous vous êtes entraîné pour courir à une allure de 5 min 38 s au km. Si vous alliez plus vite, vous ne vous sentiriez bien que pendant quelque temps et ensuite vous seriez obligé de ralentir considérablement.
Maintenez donc votre allure !

Kilomètre 13 : 1 h 13 min 11 s. Bien. Vous avez résisté à l'envie d'accélérer. Gardez le rythme. Vous avez déjà parcouru plus d'un quart du marathon et vous êtes encore très frais. Détendez-vous.

Kilomètre 14 : 1 h 18 min 49 s. Gardez la même allure et préparez-vous pour le prochain poste de ravitaillement. Prenez de l'eau cette fois. Veillez à boire beaucoup.

Kilomètre 16 : 1 h 30 min 05 s. Vous êtes bien avancé dans la course. Rappelez-vous, il y a trois mois, 16 kilomètres, c'était ce que vous faisiez en sortie longue ! Réjouissez-vous de l'endurance que vous avez acquise... et détendez-vous.

Kilomètre 18 : 1 h 41 min 20 s. Faites un bilan physique. Concentrez-vous d'abord sur vos pieds, puis sur vos jambes, votre dos, vos bras et enfin votre tête. Tout est là, Tout fonctionne correctement ? Bien sûr. Relaxez-vous et continuez votre route.

ÉQUIPEMENT DU JOUR DE COURSE : LES TROIS COUCHES DE VÊTEMENTS

Pour les marathons qui ont lieu par temps doux et chaud, entre 14 °C et 21 °C, c'est très facile de s'habiller : mettez un short et un débardeur.
Mais si le thermomètre indique moins de 12 °C, vous devrez prévoir votre équipement en fonction des trois parties du marathon.
1. *La première partie est celle du départ : vous allez attendre debout pendant une demi-heure environ avant de commencer*

à bouger. S'il fait froid, vous aurez besoin d'un T-shirt « à usage unique » pour vous couvrir au moment du départ et pendant les premiers kilomètres. Vous pourrez l'enlever quand votre température montera et le jeter sur le bas-côté. Certains coureurs utilisent des sacs poubelle en plastique. Ils y découpent des emmanchures et un col et les enfilent comme les enfants lorsqu'ils se déguisent. L'accoutrement peut paraître curieux, mais il est efficace.

2. *La deuxième partie du marathon se compose de la majeure partie de la course, du kilomètre 5 au kilomètre 32 environ. C'est la partie pendant laquelle vous êtes en pleine forme et courez bien. Vous n'aurez pas envie d'avoir trop de vêtements. Vous voudrez vous sentir à l'aise. Vous aurez peut-être l'impression d'être un coureur chevronné et de n'avoir besoin que d'un débardeur et d'un short, même s'il fait moins de 10 °C. Ne cédez pas à la tentation de vous habiller dans cette tenue, parce qu'il faut que vous preniez en compte la troisième et dernière partie de la course…*

3. *Les 10 derniers kilomètres. Si la température est inférieure à 10 °C, dans la dernière heure de votre marathon, vous aurez beaucoup plus froid que pendant les trois premières heures. C'est une réaction naturelle de votre corps à la fatigue, au stress et à la déshydratation que provoque une si longue course à pied. Voilà pourquoi il ne faut pas que vous vous déshabilliez, même si au kilomètre 8, par exemple, un short et un débardeur peuvent vous paraître largement suffisants. N'oubliez jamais que la route est longue.*

Kilomètre 19 : 1 h 46 min 58 s. Vous êtes presque à mi-parcours. Prenez une boisson ou un aliment énergétique et buvez de l'eau. Détendez-vous.

Kilomètre 21 : 1 h 58 min 14 s. Vérifiez votre allure et regardez en avant pour repérer la marque indiquant la moitié du marathon.

Semi-marathon : 1 h 58 min 44 s. Génial ! Vous avez la bonne allure et disposez de 2 minutes de marge de manœuvre.

Kilomètre 22 : 2 h 03 min 52 s. Deuxième point critique ! Cela vous a été si facile de courir ce semi-marathon que la petite voix dans votre tête reprend : « Pourquoi ne pas accélérer l'allure ? Tu peux courir ce marathon en 3 h 55 min, voire plus vite. Vas-y ! ». Non. Non et non. Continuez de vous retenir. Tenez le coup.

Kilomètre 24 : 2 h 15 min 07 s. Bien. Vous avez vaincu la tentation. Il est temps de boire et de prendre des aliments énergétiques. Retrouvez votre allure et détendez-vous, tout en restant concentré.

Kilomètre 26 : 2 h 26 min 23 s. Plus que 16 kilomètres !

Kilomètre 27 : 2 h 32 min 06 s. Restez détendu. Concentrez-vous. Secouez vos bras.

Kilomètre 29 : 2 h 43 min 16 s. Prochain poste de ravitaillement : boisson ou aliment énergétique plus eau.

LES DERNIÈRES 48 HEURES

Les 4 mois d'entraînement écoulés, vous entrez dans les 48 dernières heures précédant votre marathon : ces heures qui appartiennent presque à la course sont cruciales. En voici le compte à rebours, avec tout ce que vous devrez garder à l'esprit :

Entre 48 et 36 heures avant le marathon : *Faites le voyage jusqu'au lieu de la course.*

Entre 36 et 24 heures avant : *Faites la grasse matinée les deux jours précédents. La nuit précédant le marathon, votre sommeil sera probablement irrégulier à cause de votre nervosité et de votre appréhension : veillez donc à dormir entre 8 et 9 heures les deux nuits précédentes. Si vous le pouvez, faites aussi une sieste l'après-midi.*

Entre 24 et 12 heures avant : *Ne marchez pas. Évitez de passer des heures dans le salon d'exposition associé à votre marathon ou d'aller faire du shopping en ville avec vos amis. Trouvez un endroit et restez-y, les pieds surélevés, que ce soit à la maison ou dans votre chambre d'hôtel. Buvez de l'eau toutes les demi-heures à peu près pour maintenir votre corps à un bon niveau d'hydratation, en particulier si vous avez pris l'avion pour venir au marathon, car ce type de transport déshydrate. Pensez à prendre une bouteille d'eau avec vous pendant le vol.*

12 heures avant : *Préparez votre matériel la veille : chaussures, chaussettes, débardeur avec votre dossard, gants (si nécessaire), bonnet, etc. Ce qu'il faut éviter, c'est de perdre son énergie à chercher son débardeur une heure avant le départ le matin de la course (voir pp. 94-95) !*

10 heures avant : *Tôt couché, tôt levé. Allez vous coucher tôt, même si vous n'êtes pas fatigué ; prenez un livre. Regardez un film. Ne traînez pas, vous vous épuiseriez nerveusement.*

3 heures avant : *Le matin de la course, essayez de respecter la règle des deux heures. Levez-vous au moins deux heures avant le début de la course, trois heures si vous devez conduire 45 minutes pour vous y rendre. Une bonne habitude : si vous devez conduire plus de 45 minutes le matin du marathon, rendez-vous sur les lieux un ou deux jours avant. La première chose qui doit vous venir à l'esprit est de faire des réserves d'énergie : parmi les repas adaptés aux sorties longues, que vous avez testés pendant votre entraînement, choisissez votre favori.*

1 heure à 45 minutes avant : *Rendez-vous au départ. Allez aux toilettes maintenant. Buvez encore quelques centilitres, mais pas trop, sinon vous aurez de nouveau envie d'aller aux toilettes et ne pourrez plus vous concentrer sur votre départ.*

30 minutes avant : *Localisez la zone de départ qui vous a été octroyée. Étirez-vous. Résistez à l'envie de faire 20 min de jogging... Vous vous échaufferez au cours des premiers kilomètres du marathon.*

15 minutes avant : *Rendez-vous sur votre zone de départ. Secouez vos bras. Vérifiez que vous avez vos aliments énergétiques – pastilles, gel ou bonbons – si vous en utilisez. Vérifiez vos lacets. Serrez la main des coureurs autour de vous.*

10 minutes avant : *Refaites mentalement le parcours de la course. Révisez vos temps intermédiaires. Puis encouragez-vous vous-même.*

5 minutes avant : *Pensez aux 4 mois d'entraînement que vous venez de terminer : vous êtes prêt à courir* **un marathon en 4 heures** *!*

1 minute avant : *Mettez votre montre en mode chronomètre. Préparez-vous à courir.*

Kilomètre 31 : 2 h 54 min 31 s. Concentrez-vous encore plus sur votre objcctif. Plus quc 11 kilomètres !

Kilomètre 32 : 3 h 00 min 10 s. Il ne vous reste plus que 10 km à courir ! Et vous disposez de plus d'une minute et demie de marge ! La fatigue est peut-être en train de s'installer, mais souvenez-vous que vous avez parcouru à plusieurs reprises de plus grandes distances lors de vos sorties longues du samedi matin. Vous allez courir **un marathon en 4 heures** !

Kilomètre 34 : 3 h 11 min 25 s. Buvez et prenez un aliment énergétique. Voilà **le dernier point critique** : vous avez passé le mur et ne vous sentez pas si mal que ça. Serait-ce le moment d'accélérer ?
Toujours pas ! Gardez la même allure.

Kilomètre 35 : 3 h 17 min 03 s. Prenez de nouveau de l'eau et un aliment énergétique. Il ne reste plus que 7 km.

Kilomètre 37 : 3 h 28 min 18 s. Prenez encore de l'eau et **un aliment énergétique**. Maintenez votre allure ! Souvenez-vous de vos 4 mois d'entraînement, des jours où vous avez couru sous la pluie ou dans la neige, des jours où vous vous êtes levé à l'aube… Vous pouvez le faire ! Soyez-en sûr !
Ralentissez un tout petit peu si vous ne pouvez pas faire autrement, mais résistez à l'envie de vous arrêter. Si jamais vous le faites, ce sera beaucoup plus dur de repartir. Rappelez-vous que vous avez de la marge et que vous pouvez donc relâcher un peu l'allure tout en restant en dessous des **4 heures**.

PETITE ASTUCE PERSONNELLE
LE COMPTE À REBOURS « SEINFELD »

Il existe de nombreuses manières pour se motiver mentalement afin de terminer les derniers kilomètres d'un marathon : courir avec des amis, chanter une chanson, admirer le paysage ou résoudre mentalement un problème de maths.

J'ai une méthode adaptée aux marathoniens qui courent en 4 heures et qu'on pourrait appeler le compte à rebours « Seinfeld ». Vous connaissez certainement cette célèbre sitcom. Visualisez-en mentalement un épisode pendant vos 30 dernières minutes de course.

À 30 minutes de l'arrivée : tout d'abord, vous regardez le teaser. Ou bien, si c'est un vieil épisode, Jerry s'est lancé dans son monologue. Vous vous souvenez de celui qu'il a fait sur...
À 25 minutes : Kramer trébuche dans l'embrasure de la porte puis glisse sur le sol. Il a une idée pour devenir riche très vite. Laquelle ? Inventez-en une.
À 20 minutes : Elaine s'inquiète au sujet de... (remplissez le blanc). Par exemple : la couleur de ses chaussettes.
À 15 minutes : Jerry n'arrive pas à... (remplissez le blanc). Par exemple : à réussir ses toasts comme il le voudrait.
À 10 minutes : George est en colère parce que... (remplissez le blanc). Par exemple : parce qu'il a trop de poils dans les narines.
À 5 minutes : Seigneur, si seulement tous ces personnages étaient en train de courir un marathon, ils sauraient ce qu'est une réelle difficulté, non ?
À 1 minute : c'est le moment où toutes les intrigues se rejoignent et où se terminent **4 mois d'entraînement** *pour courir un* **marathon en 4 heures** *!*

Kilomètre 39 : 3 h 39 min 34 s. Buvez de l'eau. Concentrez-vous. Baissez les bras. Visualisez mentalement la ligne d'arrivée. Imaginez-vous sous une douche chaude, puis en train de boire une boisson fraîche.

Kilomètre 40 : 3 h 45 min 12 s. Plus que 2 km. Vous allez y arriver.

Kilomètre 42 : 3 h 56 min 27 s. Moins de 200 m à parcourir. C'est moins qu'un demi-tour de piste. Vous vous souvenez de tous ces fractionnés de 400 m que vous avez courus les mois passés ? Cette dernière distance va vous paraître très longue à parcourir. Mais au lieu de lutter contre elle, profitez-en : vous venez de courir un marathon en 4 heures ! En 4 heures !

Kilomètre 42,195 : 3 h 57 min 33 s. Regardez votre montre et réjouissez-vous de votre réussite !

→Temps intermédiaires pour les marathons en 4 h 00, 4 h 15, 4 h 30 et 4 h 45

Revoyez mentalement ces temps intermédiaires avant le départ de la course. Certains coureurs inscrivent sur leurs bras les temps intermédiaires principaux aux kilomètres 5, 10, 15, semi-marathon, 25, 30, 35 et 40. Et parfois même tous leurs temps intermédiaires. Le seul problème, c'est que l'encre avec laquelle vous avez écrit peut se mettre à couler si vous transpirez. De plus en plus de coureurs portent donc un bracelet comme ceux que l'on utilise à l'hôpital pour y inscrire leurs temps et pouvoir les consulter facilement. Ce pense-bête est utile, croyez-moi, car avec 32 km dans les jambes, il est difficile de faire du calcul mental. La dernière phase du parcours est un moment critique qu'il vaut mieux aborder l'esprit léger. Alors mieux vaut que vos temps soient inscrits quelque part.

• Temps intermédiaires pour un marathon en 4 heures (allure de course 5 min 38 s)

Kilomètre 1 : 5 min 38 s

Kilomètre 2 : 11 min 16 s

Kilomètre 3 : 16 min 54 s

Kilomètre 4 : 22 min 32 s

Kilomètre 5 : 28 min 10 s

Kilomètre 6 : 33 min 48 s

Kilomètre 7 : 39 min 26 s

Kilomètre 8 : 45 min 04 s

Kilomètre 9 : 50 min 42 s

Kilomètre 10 : 56 min 20 s

Kilomètre 11 : 1 h 01 min 58 s

Kilomètre 12 : 1 h 07 min 36 s

Kilomètre 13 : 1 h 13 min 14 s

Kilomètre 14 : 1 h 18 min 52 s

Kilomètre 15 : 1 h 24 min 30 s

Kilomètre 16 : 1 h 30 min 08 s

Kilomètre 17 : 1 h 35 min 46 s

Kilomètre 18 : 1 h 41 min 24 s

Kilomètre 19 : 1 h 47 min 02 s

Kilomètre 20 : 1 h 52 min 40 s

Kilomètre 21 : 1 h 58 min 28 s

Semi-marathon . 1 h 58 min 46 s

Kilomètre 22 : 2 h 04 min 06 s

Kilomètre 23 : 2 h 09 min 44 s

Kilomètre 24 : 2 h 15 min 22 s

Kilomètre 25 : 2 h 21 min 00 s

Kilomètre 26 : 2 h 26 min 38 s

Kilomètre 27 : 2 h 32 min 16 s

Kilomètre 28 : 2 h 37 min 54 s

Kilomètre 29 : 2 h 43 min 32 s

Kilomètre 30 : 2 h 49 min 10 s

Kilomètre 31 : 2 h 54 min 48 s

Kilomètre 32 : 3 h 00 min 36 s

Kilomètre 33 : 3 h 06 min 14 s

Kilomètre 34 : 3 h 11 min 52 s

Kilomètre 35 : 3 h 17 min 30 s

Kilomètre 36 : 3 h 23 min 08 s

Kilomètre 37 : 3 h 28 min 46 s

Kilomètre 38 : 3 h 34 min 24 s

Kilomètre 39 : 3 h 40 min 02 s

Kilomètre 40 : 3 h 45 min 40 s

Kilomètre 41 : 3 h 51 min 18 s

Kilomètre 42 : 3 h 56 min 56 s

Arrivée : 3 h 57 min 33 s

- **Temps intermédiaires pour un marathon en 4 heures 15 min (allure de course 5 min 59 s)**

Kilomètre 1 : 5 min 59 s

Kilomètre 2 : 11 min 58 s

Kilomètre 3 : 17 min 57 s

Kilomètre 4 : 23 min 56 s

Kilomètre 5 : 29 min 55 s

Kilomètre 6 : 35 min 54 s

Kilomètre 7 : 41 min 53 s

Kilomètre 8 : 47 min 52 s

Kilomètre 9 : 53 min 51 s

Kilomètre 10 : 59 min 50 s

Kilomètre 11 : 1 h 05 min 49 s

Kilomètre 12 : 1 h 11 min 48 s

Kilomètre 13 : 1 h 17 min 47 s

Kilomètre 14 : 1 h 23 min 46 s

Kilomètre 15 : 1 h 29 min 45 s

Kilomètre 16 : 1 h 35 min 44 s

Kilomètre 17 : 1 h 41 min 43 s

Kilomètre 18 : 1 h 47 min 42 s

Kilomètre 19 : 1 h 53 min 41 s

Kilomètre 20 : 1 h 59 min 40 s

Kilomètre 21 : 2 h 05 min 39 s

Semi-marathon : 2 h 06 min 10 s

Kilomètre 22 : 2 h 11 min 38 s

Kilomètre 23 : 2 h 17 min 37 s

Kilomètre 24 : 2 h 23 min 36 s

Kilomètre 25 : 2 h 29 min 35 s

Kilomètre 26 : 2 h 35 min 34 s

Kilomètre 27 : 2 h 41 min 33 s

Kilomètre 28 : 2 h 47 min 32 s

Kilomètre 29 : 2 h 53 min 31 s

Kilomètre 30 : 2 h 59 min 30 s

Kilomètre 31 : 3 h 05 min 29 s

Kilomètre 32 : 3 h 11 min 28 s

Kilomètre 33 : 3 h 17 min 27 s

Kilomètre 34 : 3 h 23 min 26 s

Kilomètre 35 : 3 h 29 min 25 s

Kilomètre 36 : 3 h 35 min 24 s

Kilomètre 37 : 3 h 41 min 23 s

Kilomètre 38 : 3 h 47 min 22 s

Kilomètre 39 : 3 h 53 min 21 s

Kilomètre 40 : 3 h 59 min 20 s

Kilomètre 41 : 4 h 05 min 19 s

Kilomètre 42 : 4 h 11 min 18 s

Arrivée : 4 h 12 min 19 s

- **Temps intermédiaires pour un marathon en 4 heures 30 (allure de course 6 min 21 s)**

Kilomètre 1 : 6 min 21 s

Kilomètre 2 : 12 min 42 s

Kilomètre 3 : 19 min 03 s

Kilomètre 4 : 25 min 24 s

Kilomètre 5 : 31 min 45 s

Kilomètre 6 : 38 min 06 s

Kilomètre 7 : 44 min 27 s

Kilomètre 8 : 50 min 48 s

Kilomètre 9 : 57 min 09 s

Kilomètre 10 : 1 h 03 min 30 s

Kilomètre 11 : 1 h 09 min 51 s

Kilomètre 12 : 1 h 16 min 12 s

Kilomètre 13 : 1 h 22 min 33 s

Kilomètre 14 : 1 h 28 min 54 s

Kilomètre 15 : 1 h 35 min 15 s

Kilomètre 16 : 1 h 41 min 36 s

Kilomètre 17 : 1 h 47 min 57 s

Kilomètre 18 : 1 h 54 min 18 s

Kilomètre 19 : 2 h 00 min 39 s

Kilomètre 20 : 2 h 07 min 00 s

Kilomètre 21 : 2 h 13 min 21 s

Semi-marathon : 2 h 13 min 57 s

Kilomètre 22 : 2 h 19 min 42 s

Kilomètre 23 : 2 h 26 min 03 s

Kilomètre 24 : 2 h 32 min 24 s

Kilomètre 25 : 2 h 38 min 45 s

Kilomètre 26 : 2 h 45 min 06 s

Kilomètre 27 : 2 h 51 min 27 s

Kilomètre 28 : 2 h 57 min 48 s

Kilomètre 29 : 3 h 04 min 09 s

Kilomètre 30 : 3 h 10 min 30 s

Kilomètre 31 : 3 h 16 min 51 s

Kilomètre 32 : 3 h 23 min 12 s

Kilomètre 33 : 3 h 29 min 33 s

Kilomètre 34 : 3 h 35 min 54 s

Kilomètre 35 : 3 h 42 min 15 s

Kilomètre 36 : 3 h 48 min 36 s

Kilomètre 37 : 3 h 54 min 57 s

Kilomètre 38 : 4 h 01 min 18 s

Kilomètre 39 : 4 h 07 min 39 s

Kilomètre 40 : 4 h 14 min 00 s

Kilomètre 41 : 4 h 20 min 21 s

Kilomètre 42 : 4 h 26 min 42

Arrivée : 4 h 27 min 56 s

• Temps intermédiaires pour un marathon en 4 heures 45 (allure de course 6 min 41)

Kilomètre 1 : 6 min 41 s

Kilomètre 2 : 13 min 22 s

Kilomètre 3 : 20 min 03 s

Kilomètre 4 : 26 min 44 s

Kilomètre 5 : 33 min 25 s

Kilomètre 6 : 40 min 06 s

Kilomètre 7 : 46 min 47 s

Kilomètre 8 : 53 min 28 s

Kilomètre 9 : 1 h 00 min 09 s

Kilomètre 10 : 1 h 06 min 50 s

Kilomètre 11 : 1 h 13 min 31 s

Kilomètre 12 : 1 h 20 min 12 s

Kilomètre 13 : 1 h 26 min 53 s

Kilomètre 14 : 1 h 33 min 34 s

Kilomètre 15 : 1 h 40 min 15 s

Kilomètre 16 : 1 h 46 min 56 s

Kilomètre 17 : 1 h 53 min 37 s

Kilomètre 18 : 2 h 00 min 18 s

Kilomètre 19 : 2 h 06 min 49 s

Kilomètre 20 : 2 h 13 min 30 s

Kilomètre 21 : 2 h 20 min 11 s

Semi-marathon : 2 h 20 min 56 s

Kilomètre 22 : 2 h 26 min 52 s

Kilomètre 23 : 2 h 33 min 33 s

Kilomètre 24 : 2 h 40 min 14 s

Kilomètre 25 : 2 h 46 min 55 s

Kilomètre 26 : 2 h 53 min 36 s

Kilomètre 27 : 3 h 00 min 17 s

Kilomètre 28 : 3 h 06 min 58 s

Kilomètre 29 : 3 h 13 min 39 s

Kilomètre 30 : 3 h 20 min 20 s

Kilomètre 31 : 3 h 26 min 01 s

Kilomètre 32 : 3 h 33 min 42 s

Kilomètre 33 : 3 h 40 min 23 s

Kilomètre 34 : 3 h 47 min 04 s

Kilomètre 35 : 3 h 53 min 45 s

Kilomètre 36 : 4 h 00 min 26 s

Kilomètre 37 : 4 h 07 min 07 s

Kilomètre 38 : 4 h 13 min 48 s

Kilomètre 39 : 4 h 21 min 29 s

Kilomètre 40 : 4 h 28 min 10 s

Kilomètre 41 : 4 h 34 min 51 s

Kilomètre 42 : 4 h 40 min 32 s

Arrivée : 4 h 41 min 51 s

→Les 24 heures suivant le marathon

0 à 5 minutes après l'arrivée : La ligne d'arrivée franchie, mettez-vous à marcher. Un(e) bénévole va venir arracher l'étiquette portant votre nom sur votre dossard. Ne cessez pas de marcher. Buvez de l'eau et des boissons énergétiques. Allez retrouver vos amis et votre famille.

10 à 45 minutes après l'arrivée : Continuez de marcher et, qu'il fasse froid ou non, couvrez-vous avec la serviette qui vous est offerte par l'organisation du marathon, car vous allez vous refroidir rapidement. Mangez une portion d'aliments riches en glucides. Les organisateurs du marathon auront prévu des tables sur lesquelles des bananes, des biscuits, etc., vous attendent. Si vous craignez que ce ne soit pas le cas, demandez à vos amis ou à votre famille de vous apporter quelque chose à manger. Ils peuvent aussi vous amener un sweat-shirt que vous porterez jusque chez vous ou jusqu'à votre hôtel. Si vous avez un peu mal à l'estomac, buvez beaucoup de boissons énergétiques et évitez les aliments solides.

Entre 1 et 3 heures après : Prenez une douche chaude puis un repas riche en glucides avec vos amis ou vos compagnons de course. C'est l'heure de célébrer votre victoire !

Entre 3 et 5 heures après : C'est l'heure de la sieste.

Entre 5 et 12 heures après : Si vous devez voyager, faites-le. Ou si vous ne connaissez pas la ville, profitez-en pour faire un peu de tourisme.

Entre 12 et 20 heures après : Dormir. Ah, quel bonheur !

Entre 20 et 24 heures après : Prenez votre petit-déjeuner. Lisez dans le journal les articles concernant le marathon que vous avez couru la veille. Cherchez votre nom dans la liste des participants classés par ordre d'arrivée.

→La semaine suivante

Considérez votre marathon comme une sortie très longue. Cela signifie que vous devez vous donner beaucoup de temps pour **récupérer**. Je vous conseille de vous octroyer un jour de récupération par 1 500 m courus : il vous faut donc 26 jours de récupération. Pendant cette période, vous ne devrez pas courir plus de 13 km en une fois et reconstituer vos muscles en absorbant beaucoup de glucides.
La première semaine est cruciale. La voici en détail :

Lundi : repos.
Mardi : entraînement croisé ou repos.
Mercredi : repos.
Jeudi : 20 min d'entraînement croisé ou repos.
Vendredi : repos.
Samedi : 20 min de jogging ou repos.
Dimanche : repos.

L'essentiel, de nouveau, est de vous reposer quand vous sentez que vous en avez besoin. Ne vous forcez pas à reprendre l'entraînement trop tôt, ou vous mettrez plus de temps à récupérer.

Ce chapitre vous aura appris ce que vous devez faire avant, pendant et après votre **marathon en 4 heures**. Il vous reste néanmoins quelques informations supplémentaires à connaître si vous voulez être sûr de passer la ligne d'arrivée en 4 heures.

9

Dernières précisions

→Ce que vous avez encore besoin de savoir pour courir votre marathon en 4 heures

Faites vos sorties longues à la bonne heure : Si le marathon que vous visez – vous devez en choisir un avant de commencer votre entraînement – commence à 8 h du matin et qu'il n'y a pas de décalage horaire par rapport à chez vous, faites vos sorties longues à 8 h du matin. Reprenez à chaque fois la même routine de préparation à la course, en vous levant longtemps à l'avance pour manger et boire. En vous entraînant de cette manière, vous synchroniserez horaire du marathon et horloge biologique. Et en cas de décalage, par exemple si votre marathon a lieu à 8 h du matin à deux fuseaux horaires plus à l'ouest, faites votre sortie longue à 10 h du matin. Vous avez compris ? Bien.

Voyagez léger : Il est inévitable d'être anxieux avant le marathon. Mais on peut s'éviter des sources d'anxiété supplémentaires. Si vous prenez l'avion pour vous rendre sur place, par exemple, mettez toutes vos affaires dans des bagages à main.

Vous serez certain que tout votre équipement arrivera à bon port. Et, si ce n'est pas possible, prenez au moins l'essentiel de votre matériel en bagage à main. De cette manière, vous ne serez pas inquiet à l'idée de perdre vos chaussures, votre short et votre débardeur sur le trajet.

Rhume et grippe : Si vous avez le nez qui coule, la gorge qui pique ou si vous toussez, prenez un ou deux jours de repos. Cela ne remettra pas en cause votre niveau de forme physique. Si ces symptômes s'accompagnent d'une fièvre et de douleurs : il faut absolument que vous preniez trois ou quatre jours de repos. Vous pouvez courir – bien que ce ne soit pas conseillé – avec un léger rhume et continuer l'entraînement jusqu'à ce que ça passe. En revanche, et plus d'un coureur en a fait la triste expérience, essayer de courir quand on a la grippe, c'est l'assurance de se retrouver cloué au lit pendant une semaine. En cas de doute, reposez-vous pendant quelques jours puis reprenez par des séances de jogging léger. En outre, chez un coureur, la survenue d'un rhume ou d'une grippe est un signe de surentraînement. Autant en tenir compte.

→Un peu de musculation

Vous voudrez peut-être compléter votre entraînement au marathon avec de la musculation. C'est possible, mais faites-le en douceur. C'est-à-dire pas plus de deux fois par semaine, en deux séries maximum (avec 12 répétitions par série) et avec des poids légers (c'est-à-dire des poids que vous pourriez encore soulever 6 à 7 fois en fin de séance). La musculation vous aidera à fortifier vos jambes et l'ensemble de votre corps et augmentera donc vos chances de courir votre **marathon en 4 heures**.

Attention aux poids trop lourds qui font grogner, tant l'effort à fournir est grand. S'entraîner pour courir **un marathon en 4 heures** est suffisamment difficile pour ne pas avoir à en soulever. Par ailleurs, si la séance

de musculation est difficile, elle devient une séance d'entraînement difficile ce qui n'a pas lieu d'être les jours de récupération.
Le mieux est de faire une sorte de circuit dans la salle de musculation. Les exercices décrits ci-dessous peuvent être réalisés sur des appareils courants. Demandez conseil à un entraîneur sportif si vous avez des questions supplémentaires.

• Séance de musculation adaptée à la préparation d'un marathon en 4 heures

Ces exercices se pratiquent sur des appareils de musculation. Si vous n'en avez jamais approché auparavant, demandez l'aide du personnel de votre salle de gym pour vous assurer d'utiliser l'équipement comme il se doit et avec les poids adaptés.

1. Flexion des jambes : Allongez-vous sur le banc à ischio-jambiers, sur le ventre, les genoux au-dessus du bord du banc, les tendons d'Achille contre les supports rembourrés. Attrapez les poignées latérales pour empêcher votre corps de glisser. Fléchissez vos jambes vers le haut en essayant de ramener les supports rembourrés jusqu'à vos fesses. Faites une pause. Puis redescendez lentement. Si vous sentez une tension dans le bas de votre dos, procédez une jambe à la fois. La force de vos ischio-jambiers vous sert à chaque foulée.

2. Extension des jambes : Asseyez-vous sur le même appareil et mettez vos chevilles sous les supports rembourrés. Attrapez les poignées latérales pour vous stabiliser. Montez les deux jambes jusqu'à ce que vos genoux soient droits, mais pas bloqués. Marquez une pause, puis descendez lentement. En renforçant aussi vos quadriceps, vous équilibrerez la puissance musculaire de vos jambes ce qui protégera vos genoux des blessures.

3. Élévation des muscles des mollets : Attachez une ceinture autour de vos hanches et levez-vous. Tenez-vous à une barre placée devant vous pour plus de stabilité. Puis soulevez vos talons jusqu'à ce que vous soyez sur la pointe des pieds. Marquez une pause et redescendez lentement. Ce sont les muscles de vos mollets qui vous permettent de vous propulser en avant à chaque foulée.

4. Développé-couché des pectoraux : À plat dos sur le banc, les pieds bien à plat au sol, prenez la barre de l'haltère à hauteur des épaules. En prise large, repoussez-la jusqu'à ce que vos bras soient tendus. Faites une pause, puis redescendez lentement. Des pectoraux puissants vous aideront à tenir vos bras dans les derniers stades du marathon.

5. Tirage vertical à la poulie : Asseyez-vous sur le banc, les cuisses sous les supports rembourrés pour plus de stabilité. Tenez la barre en arrière légèrement au-dessus de votre tête, les mains éloignées de l'écartement des épaules environ. Tirez la barre vers vos épaules derrière votre tête. Marquez une pause. Puis remontez lentement. Renforcer les muscles du haut de votre dos vous aidera à ouvrir votre torse et donc à respirer plus profondément.

6. Extension des muscles du bas du dos : Assis sur le banc, les cuisses sous les supports rembourrés pour plus de stabilité et une ceinture autour de la taille. Placez vos mains sur le haut de vos cuisses et inclinez votre buste en arrière lentement aussi loin que vous le pouvez. Marquez une pause et revenez lentement dans la position de départ. Renforcer les muscles de la région lombaire vous permettra de vous tenir bien droit et d'avoir une plus foulée plus efficace.

7. Flexion des biceps : Assis sur le banc, les bras tendus, vous prenez les poignées et fléchissez les avant-bras en direction de vos épaules. Marquez une pause, puis redescendez lentement. Le renforcement des biceps vous aidera à courir de façon plus dynamique lors des séances de fractionné.

8. Extension des triceps : Assis sur le banc, les coudes placés au-dessus des épaules, les bras repliés derrière la tête. Poussez avec vos mains réunies pour redresser vos bras ; marquez une pause, puis retournez lentement à la position de départ. Des bras puissants permettent de mieux équilibrer sa foulée, en particulier sur les derniers kilomètres du marathon.

9. Abdominaux à la poulie : Assis sur le banc, les mains sur les poignées, inspirez profondément et expirez tout en inclinant votre buste en avant. Veillez à utiliser vos abdominaux et non vos bras pour soulever les poids. Marquez une pause et retournez lentement à la position de départ. Une bonne ceinture abdominale permet au marathonien d'éviter les douleurs lombaires.

10. Flexion du buste : Assis sur le banc, le dos droit et les bras calés derrière les supports rembourrés, les pieds croisés devant vous. En regardant droit devant vous, faites pivoter votre buste au niveau de la taille jusqu'à ce que vous sentiez que vos muscles travaillent. Puis retournez à la position de départ. Faites une deuxième série en pivotant dans l'autre direction. Avoir de bons obliques vous aidera à tendre votre buste vers l'avant en courant.

Supprimez les levers de poids ou réduisez-en la difficulté au cours des deux à trois dernières semaines précédant **le marathon** (de la même manière que les séances d'entraînement difficiles). Et ne faites pas du tout de musculation la dernière semaine.

LES AMIS

Si vos amis et votre famille sont venus assister au marathon pour vous encourager, la question se pose de savoir où il faut qu'ils se placent. À moins qu'il s'agisse d'un petit marathon, il y a tellement de monde autour de la zone de départ que vous serez incapable de les voir à ce moment-là. Le mieux est qu'ils aillent au niveau du semi-marathon ou **le long des 13 derniers kilomètres de la course**. *C'est la phase durant laquelle vous aurez le plus besoin de leur soutien. Pourquoi ne pas leur demander de se mettre au niveau du kilomètre 32 pour vous encourager. Ou si ce sont des coureurs, demandez-leur de courir avec vous ; à 800 m de l'arrivée, ils sortiront de la course puisqu'ils n'y sont pas inscrits. Cela peut vous être d'une grande aide dans la dernière phase du marathon. L'année suivante, s'ils décident de courir* **un marathon en 4 heures**, *vous pourrez leur rendre le même service.*

→ Étirez-vous

Juste avant de courir, ce n'est pas le moment idéal pour s'étirer. Il vaut mieux le faire après avoir couru, quand les muscles sont chauds et détendus, plutôt que de risquer de se déchirer un muscle en l'étirant alors qu'il est froid.

Pour les séances de fractionné et les parcours chronométrés, échauffez-vous d'abord en faisant un jogging, puis étirez-vous avant de commencer à courir rapidement. Mais après une sortie longue (de plus de 19 km), mieux vaut ne pas vous étirer, car vos muscles seront fatigués et plus sujets aux déchirures.

Dans tous les étirements, il faut que vous gardiez à l'esprit qu'étirer n'est pas tirer. Si vous sentez que votre muscle est sur le point de se froisser, arrêtez le mouvement. Normalement, vous devez tenir chaque position entre 10 et 45 secondes sans faire de rebonds. En étirant vos muscles, vous augmenterez la longueur de votre foulée (et accroîtrez donc votre vitesse plus facilement), et vous vous éviterez d'éventuelles blessures.

1. Étirement des ischio-jambiers : La jambe droite tendue, vous placez votre jambe gauche sur une chaise ou une table de pique-nique à une hauteur correspondant au milieu de la distance qui sépare votre hanche de votre genou. Inclinez en avant votre buste entier (depuis la hanche et non seulement au niveau du dos) en direction de votre pied gauche. Tenez la position. Puis reprenez en changeant de jambe.

2. Étirement des mollets : Placez-vous debout à environ un mètre d'un mur. Placez votre jambe droite en arrière, jambe tendue et pied plaqué au sol. Le pied gauche doit se trouver à la verticale de votre buste. Pliez le genou gauche, posez vos paumes sur le mur et inclinez-vous pour vous étirer. Maintenez la position, puis reprenez cet exercice de la jambe gauche.

3. Étirement du soléaire : Mettez-vous debout devant un mur à une dizaine de centimètres de celui-ci. Faites glisser tout votre poids sur votre pied droit, puis pliez votre genou droit en direction du mur, tout en gardant votre pied droit bien à plat contre le sol. Maintenez cette position. Et reprenez l'exercice du pied gauche. Le soléaire est le muscle de la partie inférieure du mollet ; il ne s'étire pas quand on étire le mollet entier.

4. Étirement des quadriceps : Debout en équilibre sur votre jambe droite, pliez votre jambe gauche en arrière au niveau du genou. Prenez votre cheville gauche avec votre main droite et tirez-la vers le haut en direction de votre fesse gauche. Maintenez la position. Votre dos doit être droit. Faites de même avec la jambe droite. Stabilisez-vous en prenant appui avec votre main gauche.

5. Étirement de la région lombaire et des hanches : Allongé sur le dos, la jambe droite pliée au niveau du genou et la jambe gauche étendue. Attirez votre genou droit vers votre poitrine. Maintenez cette position, puis relâchez avant de recommencer avec la jambe gauche. Vous pouvez aussi étirer votre dos efficacement en vous suspendant à une barre à tractions : prenez la barre à deux mains et soulevez vos pieds du sol. Votre dos doit être bien droit.

→Premiers secours

Voici quelques conseils concis de prévention, de diagnostic et de traitement des blessures du coureur.
Vous diminuerez de moitié le risque de vous blesser en appliquant les sept mesures préventives suivantes :

1. Ne courez pas dans des chaussures trop usées.
2. Courez sur des terrains qui amortissent bien.
3. Augmentez progressivement l'intensité et la durée de vos séances d'entraînement difficiles.
4. Prenez bien vos jours de repos.
5. Faites des entraînements croisés une ou deux fois par semaine.
6. Renforcez les muscles de vos jambes en faisant de la musculation.
7. Étirez-vous plusieurs fois par semaine.

Vous risquez de vous blesser, même si vous suivez ces mesures préventives. La meilleure façon de réagir alors est d'identifier au plus vite votre blessure et de la traiter immédiatement.

Tout élancement, toute contraction ou tout picotement peut être le signe que quelque chose ne va pas. La première chose à faire, c'est d'annuler votre entraînement du jour et d'examiner votre blessure avec plus d'attention. S'il y a un gonflement, appliquez de la glace dessus pendant 20 min quatre fois par jour. Pour ce faire, utilisez des cylindres de glace que vous aurez confectionnés en mettant des gobelets en papier jetables remplis d'eau au congélateur. Vous frotterez le bloc de glace non démoulé sur la zone affectée. Sinon vous pouvez aussi utiliser un sachet de petits pois congelés. Ensuite, examinez votre blessure d'encore plus près. La plupart du temps, ce dont vous souffrirez n'aura rien à voir avec les maux évoqués ci-après. Et après trois applications de glace, la douleur aura disparu et ne reviendra pas. Si vous vous tordez la cheville ou vous blessez, le traitement « glace, compression, élévation » fonctionnera probablement. Cependant si la douleur persiste, consultez votre médecin.

Une douleur peut toutefois indiquer une blessure plus sérieuse. Voici **les 5 blessures graves les plus communes** que l'on peut se faire en courant :

• Syndrome de l'essuie-glace ou de la bandelette ilio-tibiale

Qu'est-ce que c'est ? Vous ressentez une douleur sur l'extérieur de votre genou qui présente une inflammation. La bandelette ilio-tibiale est un ligament qui court le long de l'extérieur de la cuisse. La douleur et le gonflement sont dus au frottement de la bandelette contre l'os du fémur au niveau du genou.

Comment savoir si vous en souffrez ? Une douleur sourde apparaît après 1,5 à 3 km de course. Cette douleur persiste, mais elle disparaît peu de temps après que vous ayez arrêté de courir. Dans les cas graves, la douleur peut être aiguë, et le gonflement tel, que l'articulation du genou enfle et devient douloureuse.

Que pouvez-vous faire ? Arrêtez de courir. Appliquez de la glace pendant 20 minutes quatre fois par jour. Prenez de l'aspirine ou de l'ibuprofène. Étirez votre bandelette ilio-tibiale : debout, placez votre jambe droite derrière votre jambe gauche puis tendez votre bras gauche pour vous appuyer sur un mur. Penchez-vous vers le mur tout en poussant votre hanche droite vers l'extérieur. Maintenez cette position pendant 45 secondes. À répéter 5 fois, 3 fois par jour.

• Fasciite plantaire

Qu'est-ce que c'est ? La partie inférieure de votre pied est douloureuse et enflée. Vous souffrez d'une déchirure et d'une inflammation du fascia, bande de tissu fibreux qui s'étend du talon aux orteils.

Comment savoir si vous en souffrez ? C'est comme si vous aviez une contusion au talon. La douleur est plus forte le matin quand vous sortez de votre lit ou en début de course, le fascia étant moins flexible à ces moments-là. Puis elle s'estompe quand vous commencez à bouger.

Que pouvez-vous faire ? Courez moins. Prenez de l'aspirine ou de l'ibuprofène tous les jours. Pendant 20 minutes, quatre fois par jour, passez votre voûte plantaire sur un petit cylindre de glace non enveloppé. Lorsque la douleur disparaît, étirez les muscles de vos mollets 4 fois par jour. Et étirez le fascia de vos pieds en tirant sur vos orteils avec une serviette.

• Chondromalacie

Qu'est-ce que c'est ? Le cartilage situé sous la rotule est érodé, ce qui provoque douleur et inflammation.

Comment savoir si vous en souffrez ? Vous ressentez une douleur sous la rotule ou sur les côtés de la rotule. Cette douleur devient plus aiguë lorsque vous courez sur une route ou un sentier qui monte et qui descend. Dans les cas graves, on perçoit un grincement dû au frottement du cartilage rugueux lors de la flexion du genou.

Que pouvez-vous faire ? Arrêtez de courir. Appliquez de la glace pendant 20 minutes sur votre genou quatre fois par jour. Prenez de l'aspirine ou de l'ibuprofène. Une fois la douleur passée, faites des étirements et renforcez vos quadriceps.

• Tendinite d'Achille

Qu'est-ce que c'est ? Votre tendon d'Achille vous fait mal et enfle à cause de petites déchirures. Le tendon d'Achille est le puissant tendon qui relie les muscles du mollet à l'arrière de l'os du talon.

Comment savoir si vous en souffrez ? Une douleur sourde ou aiguë se fait sentir le long du tendon. Il se peut aussi que des rougeurs ou une sensation de chaleur apparaisse. Dans les cas graves, on perçoit des craquements – pas au niveau de l'articulation, mais le long du tendon – lorsque l'on bouge la cheville.

Que pouvez-vous faire ? Arrêtez de courir. Prenez de l'aspirine ou de l'ibuprofène. Mettez de la glace pendant 20 minutes quatre fois par jour. Après disparition de la douleur, faites des étirements des muscles des mollets.

• Périostite tibiale

Qu'est-ce que c'est ? Les symptômes sont une douleur et un gonflement des tendons et des muscles situés le long de la partie antérieure du tibia.

Comment savoir si vous en souffrez ? Vous ressentez d'abord une douleur sourde dans la partie antérieure de la jambe juste après avoir couru. Parfois, certains points de la région antérieure du tibia deviennent sensibles. Si vous ne traitez pas le problème, cela peut provoquer des fractures de fatigue de tibia.

Que pouvez-vous faire ? Réduisez vos entraînements. Appliquez de la glace pendant 20 minutes 4 fois par jour sur la région concernée. Prenez de l'aspirine ou de l'ibuprofène. Étirez les muscles de vos mollets.

Si en vous traitant ainsi vous-même, vous n'obtenez pas d'amélioration sous deux semaines, voyez un médecin du sport pour qu'il vous prescrive un autre traitement.
Le mieux, évidemment, est de faire en sorte de ne rien attraper en prenant les mesures préventives conseillées plus haut.

Ce chapitre est terminé : vous y avez appris tout ce qu'il vous restait à savoir pour courir **un marathon en 4 heures**. Je n'ai plus qu'une question à évoquer : celle du choix du marathon.

10

Bien choisir son marathon

Dans ce chapitre, nous parlerons du problème de la sélection du marathon que vous allez courir. Comme je l'ai souligné dans le chapitre I, la nature de la course en elle-même peut avoir autant d'importance pour votre réussite que la qualité de votre entraînement.

Voici ce que vous devez prendre en compte lors de votre choix :

→*Les questions importantes à se poser*

Elles sont au nombre de quatre et vous devez en avoir les réponses avant de vous inscrire.

1. S'agit-il d'un parcours rapide ? Il en existe de très nombreux : aux États-Unis par exemple, vous avez celui de Chicago qui est presque entièrement plat. Veillez à choisir un parcours plat, avec peu de virages ou présentant une légère pente.

2. Quel temps fera-t-il ? Optez de préférence pour une température ambiante située entre 4 et 16 °C. Téléphonez au comité organisateur du marathon que vous visez. Il pourra vous dire quelles sont les températures moyennes habituelles du jour du marathon.

3. À quelle distance a lieu ce marathon ? Vous ne devez pas mettre plus de trois heures pour vous y rendre, que ce soit en voiture ou par avion. À moins que vous puissiez partir trois jours à l'avance et que vous ayez également trois jours pour rentrer. Si la distance est trop grande, le voyage vous aura fatigué avant même que vous ayez atteint la ligne de départ. Essayez aussi de choisir un marathon qui se trouve dans le même fuseau horaire que vous ou juste dans le fuseau suivant de sorte à ne pas souffrir du décalage horaire au moment du départ.

4. Combien de coureurs vont participer ? Là, il y a deux règles à suivre : évitez les déferlements humains comme dans Godzilla ou les commandos spéciaux de la Légion étrangère. Les grands marathons comme celui de Paris ou New York – qui réunissent chacun plus de 35 000 participants – ne sont drôles que si vous êtes un très bon coureur et que vous voulez en faire l'expérience. Si vous souhaitez courir **un marathon en 4 heures**, choisissez-en un de taille moyenne avec quelques centaines à quelques milliers de participants. Cela vous évitera de devoir jouer des coudes comme dans une discothèque bondée, pendant la majeure partie de votre course. Et il restera suffisamment de coureurs autour de vous pour que vous puissiez rester concentré sur la course. Attention, ne tombez pas dans l'autre extrême en choisissant un marathon très peu connu ou dans une région difficile d'accès : vous seriez 8 au départ et vous finiriez au km 34 affamé, assoiffé, fatigué et seul au monde.

UN DERNIER MOT DE MON PÈRE

Mon père aime raconter qu'il a obtenu son meilleur temps (3 h 45 min) sur le parcours rapide du Grandma's Marathon de

Duluth (dans le Minnesota, aux États-Unis). La route présentait quelques reliefs, mais était plate la plupart du temps. Il faisait un temps parfait, environ 13 °C, et un léger vent arrière l'aidait à courir. Lors des derniers kilomètres en ville, la foule l'a bien encouragé. D'autres coureurs lui avaient dit que c'était un marathon agréable et ils avaient raison ! « Choisir le bon marathon, conclut-il, comme je l'ai fait ce jour-là, peut vous faire gagner plusieurs minutes. »

→Pour plus d'informations

Voici quelques sites Internet sur lesquels vous trouverez le calendrier des marathons en France et/ou dans le monde.
Choisissez un marathon adapté aux coureurs débutants, puis commencez votre entraînement 4 mois à l'avance. Attention, pour certains marathons, il est nécessaire de se qualifier pour pouvoir participer.

http://www.marathon-info.com
Site qui s'adresse aux passionnés de marathon ; vous y trouverez des conseils techniques d'entraînement, mais aussi le calendrier des marathons, les derniers résultats, etc.

http://www.runilive.com
Site du magazine *Run in Live VO2* ; vous y trouverez le calendrier des courses, des tests sur les chaussures de course à pied, des articles sur les techniques d'entraînement, etc.

http://lapagedumarathon.free.fr

Site qui vous donne le calendrier des marathons en France et dans le monde, des conseils d'entraînement, des liens vers d'autres sites de course à pied...

http://www.lemarathon.ch

Site sur le marathon dans lequel vous trouverez des liens vers les marathons internationaux et suisses.

En choisissant une course rapide, vous augmenterez vos chances de terminer votre marathon **en 4 heures** : c'est un très bon atout.

Bon entraînement et bonne chance !

Index